NETWORK

从免费到吸金

>>> 看网络视频的当下与未来 <<<

VIDEO

余晨薇　王 睿　刘千桂◎著

中国财富出版社

图书在版编目（CIP）数据

从免费到吸金：看网络视频的当下与未来／余晨薇，王睿，刘千桂著．
—北京：中国财富出版社，2017.8（2018.4 重印）
ISBN 978－7－5047－6574－1

Ⅰ.①从…　Ⅱ.①余…　②王…　③刘…　Ⅲ.①网络营销　Ⅳ.①F713.365.2

中国版本图书馆 CIP 数据核字（2017）第 206234 号

策划编辑　刘　晗　　　**责任编辑**　张冬梅　史义伟
责任印制　石　雷　　　**责任校对**　孙会香　卓闪闪　　　**责任发行**　董　倩

出版发行　中国财富出版社
社　　址　北京市丰台区南四环西路 188 号 5 区 20 楼　　**邮政编码**　100070
电　　话　010－52227588 转 2048/2028（发行部）　010－52227588 转 307（总编室）
　　　　　　010－68589540（读者服务部）　010－52227588 转 305（质检部）
网　　址　http://www.cfpress.com.cn
经　　销　新华书店
印　　刷　北京京都六环印刷厂
书　　号　ISBN 978－7－5047－6574－1/F·2803
开　　本　710mm×1000mm　1/16　　**版　　次**　2018 年 1 月第 1 版
印　　张　11　　**印　　次**　2018 年 4 月第 2 次印刷
字　　数　163 千字　　**定　　价**　38.00 元

前　言

从 PC（个人计算机）端到移动端，如今观看网络视频已经成为人们日常休闲生活的一种习惯，中国网络视频行业中蕴藏的巨大市场潜力正在被不断挖掘。

在十多年的发展过程中，中国视频网站已经逐渐从单纯展示传统电视节目的网络衍生品，步入主流视频媒体行列。其内容的制作模式也开始从 UGC（用户原创内容）模式向 UGC + PGC（专业生产内容）模式转型。

据中国网络视听节目服务协会发布的《2016 年中国网络视听发展研究报告》显示，截至 2016 年 6 月，中国网络视频用户规模已达 5.14 亿人。相比网络音乐、网络游戏、网络文学而言，网络视频是近 5 年来唯一快速增长的网络娱乐类应用。从人群年龄来看，29 岁以下网络视频受众占 57.4%，但 40 岁以上人群增加 11.5%，占比达到 18.4%。由此可见，网络视频消费逐渐从年轻化转入全民化的热潮。目前，移动视频用户增长势头猛烈，移动端正逐渐取代 PC 端。据艾瑞咨询集团 iUserTracker（网民行为连续研究系统）数据显示，2015 年全年，网络视频 PC 端用户月增长 1.83%，移动端用户月增长 19.5%。手机、平板电脑等移动便携设备已经成为国民观看网络视频的首选。

管理学家彼得·德鲁克曾说：“当今企业之间的竞争已经不是产品之间的

竞争，而是商业模式之间的竞争。”随着网络技术的不断发展，大批互联网公司通过便捷的协作和极低的交易成本构筑价值网络，并建造适合自身发展的商业模式。

现阶段我国视频网站在赢利模式上对广告依然具有很强的依赖性，其赢利方式与传统电视媒体原理相同，都是把受众的注意力吸纳过来，二次售卖给广告主。

虽然人们在视频网站的停留时间越来越长，网络视频已经占据人们日常休闲娱乐的主要阵地。但是，从目前我国视频网站的发展来看，政策的管控和版权价格的不断攀升，使得视频网站的收入和成本不成正比，单薄的广告收入已经无法填补视频网站高额的运营成本。随着视频版权的规范和支付渠道的不断完善，用户为网络视频付费的大环境悄然形成，新一代消费者愿意为其感兴趣的优质内容付费。

腾讯视频、爱奇艺、优酷、搜狐等网络视频巨头依然稳固在第一梯队阵营，虽然坐拥可观的用户量，整体却仍处于亏损状态。面对水涨船高的版权价格，为了避免在跑马圈地的市场竞争中落后，视频网站一方面不敢减少投入，不惜花费重金购买优质内容版权；另一方面也不得不积极探索广告以外的多元化营收模式。

因此，视频网站除了要着重完善自身的会员付费模式，提供高清化、定制化的全方位视频服务之外，还要特别注重自制节目的持续产出。自制节目在内容制作的自由度和成本控制方面具有先天优势，有助于激发视频网站的自主创新能力，使其在激烈的市场竞争中，营造品牌策略的差异化路线，摆脱单一依赖版权购买的“烧钱”模式。

从发展阶段来看，网络视频行业已经进入“差异化发展”阶段。由过去广播电视的附属身份，转变为“内容为王”的多元态组合形式。单一的网络视频资源已经不再受用户青睐，为避免同质化竞争，视频平台把注意力转向更加注重内容的差异化运营。可以看到的是，如今各大视频网站都将自制节目作为市场竞争的核心发力点，利用互联网层出不穷的技术优势，结合节目内容不断创新。内容是网络视频未来发展的核心，优质的内容可以提高用户对视频网站的好感度和忠诚度。

虽然发展势头锐不可当，但视频网站依然面临着林林总总的难题。主要集中于对内内容同质化现象严重，对外赢利水平不足，加上政策管控，共同形成了视频网站面前的“三座大山”。

首先，相比于传统的论坛、社区等图文类网站，视频网站需要更多的带宽成本。其次，随着我国知识产权保护的法律体系逐步完善，维权观念深入民心，国家也开展各种盗版严打活动。如此环境下，视频资源的版权价值势必水涨船高，而优质内容资源数量稀少，因此，不少视频网站不惜花费“重金”购买独播版权，以带来更大的流量。现阶段，视频网站的版权争夺是网络视频领域竞争的主要形式，而高昂的版权费用，也是各大视频网站所面临的主要压力。版权费用带来的高门槛让很多中小型视频网站遭到淘汰，留下的几大巨头型视频网站都是背靠实力强劲的资本市场，因此竞争也更为激烈。

目前，视频网站商业结构松散，并呈现出碎片化倾向。各个商业模式之间的协作不够充分，联系不算紧密，各要素成分还属于各行其是，需要将各要素之间的关系、作用梳理清晰，分工合作，以达到最大效用。同时，视频网站的产业价值链细分也尤为关键，任何单一环节的构成要素都无法在缺乏其他要素合作的情况下完全发挥自身效用。内容提供者和视频平台之间、视频平台和供应渠道之间，皆缺乏合理而有效的互动，容易给整个商业模式作用的发挥带来不利影响。

面对变幻莫测的资本市场环境，产业链是网络视频未来发展的重心。视频网站将不仅占据某个单一环节，以内容供应商的角色参与其中，还需要立足于整个互联网产业，整合媒体资源，建立“平台＋内容＋应用＋终端”的联动式产业生态链，通过拓宽网络视频整个产业链的上下游来吸引用户，为用户提供平台、内容、技术的一站式服务。

网络视频想要实现全方位的产业化发展，必须拥有独立的自主产权产品，以在产业内部形成具有支撑力的产业链条。本书试从网络视频的广告模式、网络剧模式、增值服务、跨界联动等创新赢利点入手，探讨中国网络视频多元化营销模式的构建。只有利用持续的优质内容产出，差异化的博弈策略，才能在竞争中占领优势地位。紧密联系上下游产业，多方共同发力，将会是网络视频产业的重要发展趋势。

网络视频所涉及的商业模式类型繁多，形式复杂，有些尚处于开发不完善的状态。因此，本书参考了大量国内外的报告、文献和著作，在此对相关资料的研究学者表示诚挚的谢意。作者水平有限，鉴于此，书中难免有不当之处，恳请专家及读者批评指正。

本书的出版获“北京市教育委员会学科建设与研究生教育建设”项目资助，特此鸣谢。同时，感谢北京印刷学院新闻出版学院、研究生院和科研处的大力支持。

作　者

2017 年 8 月

CONTENTS 目录

1 网络视频发展现状 …… 1

1.1 网络视频的诞生 …… 1

1.1.1 网络视频行业的技术开端 …… 1

1.1.2 网络视频行业发展历程 …… 2

1.2 网络视频的分类 …… 5

1.2.1 大型门户视频网站 …… 5

1.2.2 视频分享类网站 …… 6

1.2.3 视频直播类网站 …… 7

1.2.4 垂直类视频网站 …… 8

1.2.5 内容整合类视频网站 …… 9

1.2.6 电视台类视频网站 …… 9

1.2.7 二次元视频网站——AB 站与弹幕文化 …… 10

1.3 网络视频的特点 …… 11

1.3.1 去中心化 …… 11

1.3.2 碎片化 …… 12
1.3.3 影响力强 …… 12
1.3.4 选择多样性 …… 13
1.3.5 社交性 …… 13
1.4 网络视频的目标人群 …… 14
1.4.1 网络视频用户规模 …… 15
1.4.2 网络视频用户使用行为分析 …… 16
1.4.3 网络视频用户心理需求分析 …… 23

2 网络视频的广告模式 …… 28

2.1 网络视频广告市场现状 …… 28
2.1.1 网络视频广告市场份额 …… 28
2.1.2 网络视频市场用户人群 …… 31
2.1.3 网络视频广告的投放情况 …… 32
2.2 网络视频广告的分类 …… 34
2.2.1 网络视频贴片广告 …… 34
2.2.2 网络视频植入式广告 …… 36
2.2.3 微电影广告 …… 41
2.3 网络视频广告的特点 …… 43
2.3.1 良好的交互式体验 …… 44
2.3.2 广阔的传播范围 …… 44
2.3.3 较低的制作投放成本 …… 45
2.3.4 更精准的大数据营销 …… 46
2.4 网络视频广告产业链 …… 47
2.4.1 广告主 …… 48
2.4.2 网络视频媒体平台 …… 49

2.4.3 广告代理 …… 50
2.4.4 用户（User） …… 56

3 网络剧的赢利模式探索 …… 58

3.1 网络剧综述 …… 58
3.1.1 网络剧定义 …… 58
3.1.2 网络剧的催生背景 …… 59
3.2 网络剧概述 …… 61
3.2.1 人群特点 …… 61
3.2.2 网络剧分类 …… 62
3.2.3 网络自制剧的特点 …… 67
3.3 网络剧产业的商业模式 …… 71
3.3.1 用户付费的会员模式 …… 72
3.3.2 版权分发 …… 74
3.3.3 衍生品开发 …… 74
3.3.4 多元化的广告植入 …… 75
3.4 网络剧产业链 …… 76
3.4.1 网络剧产业链的构成要素 …… 76
3.4.2 网络剧产业链的现存问题 …… 83

4 网络视频增值服务的赢利模式探索 …… 87

4.1 会员增值服务 …… 87
4.1.1 付费会员制全新起步 …… 89
4.1.2 付费用户规模 …… 91
4.1.3 打造品牌影响力 …… 97
4.2 直播平台 …… 97

4.2.1 秀场直播 …… 98
4.2.2 生活直播 …… 101
4.2.3 游戏直播 …… 104
4.2.4 演唱会直播 …… 108

5 网络视频跨界联动的赢利模式探索 …… 113

5.1 智能硬件市场 …… 114
5.1.1 电视3.0时代 …… 114
5.1.2 智能电视的营销策略 …… 117
5.1.3 智能电视市场的困境 …… 120
5.1.4 智能电视市场的未来 …… 121
5.2 游戏联运 …… 122
5.2.1 影游IP联合开发 …… 122
5.2.2 游戏厂商的资源互换 …… 124
5.2.3 终端硬件化探索 …… 125
5.3 电商市场合作 …… 127
5.3.1 广阔的合作前景 …… 127
5.3.2 视频引领电商代入式消费 …… 128
5.3.3 视频植入助推情景营销 …… 131
5.3.4 构建开创性服务模式 …… 133
5.3.5 视频+电商的尚存困境 …… 136

6 网络视频未来发展趋势 …… 137

6.1 网络视频产业的发展趋势 …… 137
6.1.1 寻求差异化发展，优质内容仍旧为王 …… 138
6.1.2 打造品牌效应，付费内容自制化、IP化 …… 139

6.1.3 细分内容+周边服务，提升用户付费接受度 …… 141
6.1.4 探寻不同方式，增强用户互动体验 …… 142
6.1.5 以“内容为王”为基础，商业模式将走向多元 …… 143
6.1.6 三网融合带来新机遇，用户消费习惯将改变 …… 144
6.1.7 视频网站的发展方向 …… 145
6.2 网络视频潜在商业机会 …… 146
6.2.1 会员增值服务 …… 146
6.2.2 VR 行业 …… 147
6.2.3 大数据业务 …… 156

参考文献 …… 159

1 网络视频发展现状

1.1 网络视频的诞生

1.1.1 网络视频行业的技术开端

（1）CDN 技术

1995 年，麻省理工学院教授、互联网发明者之一 Tim Berners – Lee（蒂姆·伯纳斯·李）预见到在不久的将来网络拥塞将成为互联网发展的最大障碍，于是他提出一个学术难题，即要寻找一种全新的、从根本上解决问题的方法来实现互联网内容的无拥塞分发，这项学术难题最终催生出一种革新性的互联网服务——CDN（Content Delivery Network，内容分发网络）。他们开发了数学运算法则来处理内容的动态路由计算，并开始实施自己的商业计划，最终成立 Akamai 公司。这些世界级的科学家开发出一套突破性的运算法则，用于在网络服务器所组成的大型网络中智能组织路由和复制内容。①

（2）IPTV 技术

1995 年，美国一家软件公司开发了一款互联网视频产品 IPTV（Internet Protocol TV，交互式网络电视），主要指通过 IP 网络传输可交互式的视频。

1999 年，英国 Video Networks（视频网络）推出了全球第一个 IPTV 业务。

① 雷葆华，孙颖，王峰，等. CDN 技术详解［M］. 北京：电子工业出版社，2012.

2003 年，中国香港电讯盈科推出 IPTV 业务，定名“now 宽带电视”。

2005 年，中国电信与上海文广合作在上海推出 IPTV 业务，获得中国大陆第一张 IPTV 牌照，以 BesTV（百视通）为品牌，随后扩展到中国主要沿海省市。

2006 年 10 月，“台湾华人卫星电视传播机构”（CSTV）网络事业群成员“台湾互动电视公司”（TITV）在中华电信多媒体内容传输平台（MOD）推出“黄金套餐”IPTV 业务。

1.1.2 网络视频行业发展历程

（1）美国 YouTube 的建立

YouTube 是世界上最大的视频网站。2005 年，YouTube 成立，由查德·赫利（Chad Hurley）、陈士骏（Steve Chen）、贾德·卡林姆（Jawed Karim）3 名 PAYPAL（互联网公司名称）前雇员创办，早期公司总部位于加利福尼亚州的圣布鲁诺。失业并负债的陈士骏和贺利在车房构思网上影音共享大计，并找来卡林姆帮忙，YouTube 就此诞生。其创办原意是为了方便朋友之间分享录影片段，后来逐渐成为网民的回忆储存库和作品发布场所。

截至 2006 年，YouTube 已有 4000 万条短片，每天吸引 600 万人浏览；在成立后的短短 15 个月，已超越 MSN VIDEO（MSN 视频）与 GOOGLE VIDEO（谷歌视频）等竞争对手，成为本世纪浏览人次最多的网站。2012 年年末，谷歌宣布 YouTube 月独立访问用户数超十亿人。

2007 年 10 月，在中国台湾出生的创办人之一陈士骏回到故乡，并宣布正式成立台湾中文版 YouTube，10 月 17 日、18 日，YouTube 分别开放了中国香港及中国台湾两地的中文网站。

（2）中国视频网站的初期建立

2006 年，YouTube 被 Google（谷歌）天价收购后，这家来自美国的视频分享网站进入中国人的视野。人们看到了视频网站背后蕴藏的巨大商机，纷纷效仿，一时间国内的视频网站呈暴增式发展。

网络视频行业诞生时间不长，但发展十分迅速。最早出现的是一批专业视频网站，如优酷、土豆、56 网、PPLive（聚力视频）等。后期诸如搜狐、新浪、网易等门户网站也开始试水，尝试进入该领域。这些网站当时采用的主要模式是视频分享，在短时间内为自己聚集了大量的人气和流量。

发展初期，56 网拥有最广泛的用户群体。视频上传、视频相册等运营方式将网站打造成为当时国内最大的视频和相册分享平台，每日的活跃用户超过千万人。2008 年 6 月 3 日，56 网突然被禁止访问，原因不明；6 月 4 日，网站称是因为机房线路故障；6 月 8 日，网站首页出现官方公告，表示关闭网站是对系统进行维护升级，但是并没有给出重新开放网站的时间。

时隔一个多月之后，56 网重新上线，但一个月的关停让其元气大伤。优酷、土豆就是在 56 网关停的这一个月时间里诞生的。优酷以其“快速播放，快速发布，快速搜索”的产品特性，充分满足了当下多元化互动需求，吸引了大量忠实用户。

（3）中国网络视频行业发展历程

2016 年 1 月 22 日，中国互联网络信息中心（CNNIC）发布第 37 次《中国互联网络发展状况统计报告》。报告显示：截至 2015 年 12 月，中国网民规模达 6.88 亿，互联网普及率达到 50.3%，半数中国人已接入互联网。同时，移动互联网塑造了全新的社会生活形态，“互联网 +”行动计划不断助力企业发展，互联网对于整体社会的影响已进入新的阶段。

网络视频是在网络流媒体技术的基础上发展起来的，在 Web2.0 时代逐渐趋于成熟。

2006 年是中国网络视频的萌芽期。这个时期的网络视频主要以流媒体为主，即在数字压缩技术的支持下，用户可以通过特定软件来下载收听或观看各种多媒体资料。但由于当时技术和宽带条件有限，观看网络视频的用户并不多，互联网主体仍是网络论坛（BBS）。

从2006年到2008年，是中国网络视频发展突飞猛进的时期。这两年间，我国的宽带网络建设逐渐完善，截至2006年，中国宽带用户数量突破了8000万人，这对网络视频的发展起到了极大的推动作用。此外，这期间还发生了两件关于网络视频的大事件：一是2006年胡戈的网络短片《一个馒头引发的血案》在网络上爆红；二是2008年北京奥运会采用了网络视频回放的形式，当时有11%的受访者表示会只通过网络视频的形式观看奥运比赛。这两件事把网络视频带进了更广泛的大众视野之中。① 后期，国内开始出现以用户需求为驱动的网络视频商业网站，包括优酷、土豆、PPS（网络电视软件）、酷6等。

中国网络视频的发展在2008年到2010年进入了动荡时期。经过前几年的沉淀和发展，中国的网络视频逐渐趋于产业化。网络视频作为一种新兴业态，在初期的激烈竞争中，几家视频网站突出重围，成为了用户认知度及渗透率较高的龙头网站。这些网站开始上市融资，为自己的下一步发展探索有效途径。但同时在其发展过程中出现了很多问题：政策方面的运营资质问题、内容方面的版权问题等。这些问题为行业内部带来了不可避免的法律纠纷。后期诸如视频点播网站与视频分享网站之间的竞争、“国家队”中国网络电视台在2009年年底的正式亮相等事件让网络视频大环境更加错综复杂，发展出现动荡起伏的态势。

网络视频产业的发展在经过了一阵狂热期后，从2010年开始逐渐冷静下来。一方面，经过调整后国家对网络视频行业的监管更加严格，三网融合为该领域带来了一定的机遇和冲击；另一方面，网络视频自身的运营模式及赢利模式出现了瓶颈，发展趋于平缓。这也是网络视频发展中的一个摸索和阵痛的阶段。

综合上述几个阶段可以看出，通过对国外YouTube等视频网站的模仿，

---

① 张书乐．实战网络营销——网络推广经典案例战术解析［M］．2版．北京：电子工业出版社，2015.

中国的网络视频以极快的速度得以建立和发展。但我国网络视频缺乏发展后劲，需要根据自身情况探索出自己的发展道路。

1.2 网络视频的分类

1.2.1 大型门户视频网站

新浪、网易、搜狐、腾讯四大网站是中国四大门户网站。所谓门户网站，是指通向某类综合性互联网信息资源并提供有关信息服务的应用系统。2004年年底，伴随网络视频刚刚在世界范围内兴起，宽带和流媒体技术成为发展的必然，各大门户网站纷纷建立起了自己的下属视频网站。

（1）新浪视频

2004 年年底，新浪网推出了新浪宽频；2006 年 12 月，又推出了视频分享平台新浪播客；2009 年 3 月，经过两年多的发展，新浪播客与新浪宽频合并，成立了门户网站中第一个视频频道——新浪视频。现阶段，新浪视频主要产品包括：视频新闻、影视大片、博客分享、嘉宾聊天、电视直播、活动赛事等。其中，新浪播客分享曾是中国最大、最主流、最具人气的网友互动分享平台。

（2）搜狐视频

与新浪视频相似，搜狐视频的前身搜狐宽频于 2004 年年底成立；2006 年，搜狐播客成立；2009 年 2 月，搜狐“高清影视剧”频道上线，独家首播千余部影视剧，提供正版高清电影、电视剧、综艺节目及纪录片的在线观看和离线下载服务。网罗最新最热新闻、娱乐视频资讯，实时直播各大卫视节目，同时提供免费的视频空间和视频分享服务。

（3）网易视频

网易视频是集新闻、娱乐、网络视频、原创自拍、时尚生活、纪录片、影视剧、访谈等内容于一体的综合性视频资讯门户站点。网易视频主要产品包括：视频点播、视频直播、嘉宾访谈、易周刊、精彩电视节目、广电媒体联盟、首映剧场等。

（4）腾讯视频

腾讯视频，中国最大的在线视频媒体平台，同时也是一款视频播放器。2011 年 4 月，腾讯视频上线测试，其以丰富的节目内容、极致的观看体验、便捷的登录方式、24 小时多平台无缝应用体验等产品特性满足了用户在线观看视频的多种需求。2015 年 2 月 12 日，央视春晚（精选）落户腾讯视频，后期腾讯视频又承包了湖南卫视、东方卫视、江苏卫视等 11 台春晚，完成了 12 个“中国城市春晚最受关注台”的春晚集结计划，成为全网最强最全的春晚播出平台。

腾讯视频的“全新出品”战略，宣布将以原创内容为核心，辅助原创节目、自制网剧、微电影、短片大赛等内容，坚持为用户打造优质内容，大力推进原创战略，为用户们提供更优质的服务。

1.2.2 视频分享类网站

视频分享类网站是指提供免费的视频分享、视频搜索等服务，将众多的优质影视资源汇集到一起，分享给广大的影视爱好者，让用户免费收看互联网上优质的视频资源的网站平台。其中的典型包括优酷、土豆、百度视频等，其“免费、全面、分享”的服务理念受到了大批影视爱好者的青睐。

初期的视频分享类网站本身并不提供影视资源，而是提供互联网上各种影视资源的分享链接。随着技术的发展，现阶段的视频分享类网站除了增加平台本身的资源提供服务外，还开设了用户 UGC 内容上传服务，把用户体验度放在首位，更加方便了大众的生活。

（1）优酷视频

优酷视频创立于 2006 年 6 月 21 日，是中国领先的视频分享网站。优酷网以“快者为王”为产品理念，其“快速播放，快速发布，快速搜索”的产品特性，使之成为中国视频网站中的领军势力。优酷网现已成为互联网拍客聚集的阵营。

美国东部时间2010年12月8日，优酷网成功在纽约证券交易所挂牌上市。优酷主要产品包括：热点、原创、电影、电视、体育、音乐、游戏、动漫八大专业垂直定向搜索的视频库、视频排行榜、优酷拍客、原创联盟、优酷达人等。

（2）土豆视频

土豆网于2005年4月15日正式上线，是全球早期上线的视频网站之一，也是中国网络视频行业的领军品牌。2014年1月，“土豆网”正式更名为“土豆”，标志着土豆网进入品牌发展的新阶段。

土豆网相信年轻人的想象力、创造力，为用户提供展示原创影像作品的平台，以此来表达对自己、生活和这个时代的看法。同时，土豆网提倡尊重每个人的个性，尊重每个人自主地选择生活，自己成长为导演。

2012年8月20日，优酷和土豆合并成优酷土豆集团。2015年8月6日，优酷土豆集团宣布更名为合一集团。2015年10月16日阿里巴巴宣布将收购优酷土豆，并以每股美国存托股票26.60美元的价格收购。

1.2.3 视频直播类网站

视频直播类网站是指通过网络平台将信号发布在互联网上，观众可以很方便地选择自己所需要的直播线路进行观看的平台。相对于传统直播来说，网络视频直播增强了大众的主动操作性，有了更宽泛、更自由的选择空间。全球任何有网络的地方都能看到在线直播的实况直播。

视频直播类网站分为单向网上直播、双向网上直播、主会场网上直播、多会场整合网上直播等类型，目前典型的直播平台有PPS影音、风行、迅雷看看、PPLive网络电视等。

（1）PPS

PPS，全称PPStream，是全球第一家集P2P（对等网络）直播、点播于一身的网络电视软件，能够在线收看电影、电视剧、体育直播、游戏竞技、动漫、综艺、新闻、财经资讯等。PPS 网络电视完全免费，通过 P2P 传输，越多人看越流畅。但是其广告时间很长，是一个常受网友推崇和吐槽的上网装机软件。PPS 获得了 2012 年香港 TVB（电视广播有限公司）所有电视剧集、综艺节目的独家版权。

2012 年 11 月 12 日，艾瑞 iVideoTracker（网络视频连续研究系统）最新报告显示，2012 年 8 月，PPS 网络电视的覆盖人数突破 1 亿人，占行业整体的 1/3。2013 年 3 月 6 日 PPS 设立频道事业部，高清和移动是 2013 年战略重点。2013 年 5 月 7 日，百度宣布以 3.7 亿美元收购 PPS 视频业务。2013 年 10 月 16 日，爱奇艺公司宣布爱奇艺与 PPS 整合的基础工作完成，两大品牌全面升级，并发布了升级后新品牌 LOGO（商标），从“在一起，更好看”转变为“开启全新视界”，同时两个子品牌也有了更明确的分工。

（2）迅雷看看

迅雷看看，是迅雷公司出品的一款基于 P2P Streaming（P2P 流媒体技术）的在线播放插件，采用 P2P 点对点传输技术，向用户提供包括电影、电视剧、动漫、综艺等各类节目以及电视台线上直播、高清晰下载等服务。迅雷看看已与全国十多家主流宽频平台、内容提供商等签订了全面合作协议，为用户提供上百万小时的视频内容，让用户享受更丰富、更自主的视觉大餐。

迅雷看看不完全免费，迅雷看看播放器更好地整合了网页版迅雷看看的特性，支持本地播放与在线视频点播，不断完善用户交互和在线产品体验，让用户的工作与生活充满乐趣。

1.2.4 垂直类视频网站

垂直网站，指注意力集中在某些特定的领域或某种特定的需求，提供有关这个领域或需求的全部深度信息和相关服务的网站。当前流行的视频垂直网站包括奇趣视频、1905 电影网、PPTV（即 PPLive，聚力视频）旗下的

PPTV 体育跑步频道等。这些网站专注于某一领域的网络视频服务，深挖用户需求，不断丰富视频内容，同时对不同用户群体进行划分，不断提高用户体验。

2015 年 7 月 25 日，PPTV 体育宣布了一个令跑友们极为振奋的消息——PPTV 体育跑步频道正式上线。即日起，广大用户和跑友可以在 PPTV 体育全端观看涵盖跑步赛事资讯、跑步教学及跑者故事等多方面优质的跑步主题视频内容。

以“奔跑中国”赛事为支点，PPTV 体育发挥自身体育视频内容的制作优势，自制了一系列跑步主题栏目。跑步访谈节目《奔跑人声》，聚焦平凡大众的跑步故事，视角独特、内容接地气，收获跑友们的诸多好评。而和 ONEFIT 工作室合作的训练教学节目《奔跑生活》，则以专业的跑步知识和精美的制作，成为跑步爱好者最为追捧的跑步教学视频。

1.2.5 内容整合类视频网站

内容整合类视频网站，也称内容集成型视频网站，其内容主要来源于视频网站购买的影视剧版权和自制剧。虽然乐视视频现如今陷入经济和法律风波，但不得不承认的是，它曾经是国内较成熟、较典型的内容整合类视频网站之一。

乐视视频，原名乐视网，2004 年在北京成立，致力于打造基于视频产业、内容产业和智能终端的“平台 + 内容 + 终端 + 应用”完整生态系统，被业界称为“乐视模式”。乐视垂直产业链整合业务涵盖互联网视频、影视制作与发行、智能终端、应用市场、电子商务、互联网智能电动汽车等，旗下公司包括乐视网、乐视移动、乐视体育、网酒网、乐视控股等。2014 年乐视全生态业务总收入接近 100 亿元。

1.2.6 电视台类视频网站

（1）中国网络电视台

中国网络电视台（英文简称 CNTV），由央视国际网络有限公司主办，是中央电视台旗下的国家网络广播电视播出机构，于 2009 年 12 月 28 日正式开播。中国网络电视台全面部署多终端业务架构，已建设网络电视、IP电视、手机电视、移动电视、互联网电视五大集成播控平台，通过部署全球镜像站点，已覆盖全球190多个国家及地区的互联网用户，并推出了英、西、法、阿、俄、韩6个外语频道以及蒙、藏、维、哈、朝5种少数民族语言频道，建立了拥有全媒体、全覆盖传播体系的网络视听公共服务平台。中国网络电视台充分发挥电视平台和网络平台的双平台的优势，建设成为我国具有公信力和权威性的网络视频互动传播平台，对国际国内重大政治、经济、社会、文化、体育等活动和事件以网络视听的形式进行快速、真实的报道和传播；同时着力为全球用户提供包括视频直播、点播、上传、搜索、分享等在内的，方便快捷的“全功能”服务，成为深受用户喜爱的公共信息娱乐网络视频平台。

（2）湖南卫视金鹰网

金鹰网始建于2004年，是湖南卫视核心网络平台，湖南卫视新媒体。金鹰网是快乐阳光互动娱乐传媒有限公司旗下的资讯网络平台。金鹰网是湖南省重点新闻网站和主流商业网站。金鹰网正通过打造综艺、电视、电影、音乐等专业性频道，结合明星、图库、评论、影视库等补充性频道，融入在线点播、电子商务等多元化内容，全面支撑丰富多维的金鹰网首页，构建优质立体的一站式娱乐服务集成体。湖南卫视旗下新媒体平台“金鹰网”“芒果TV”于2014年4月20日10：00进行改版融合升级，推出全新“芒果TV”网络视频平台。新平台将采用原金鹰网域名，平台品牌为“芒果TV”。

1.2.7　二次元视频网站——AB站与弹幕文化

视频弹幕网站，是视频分享网站的一种分支。和普通的视频分享网站不同的是，观看者能在观看视频的过程中发表自己的评论，并将其在所有观看者观看此视频的该时间点即时以滑动而过的字幕显示出来，从而增加了观看者之间的互动性。其主要发布作品偏向于动画类的作品，如动画原作、相关音乐或个人演奏、二次创作、同人、恶搞、鬼畜等作品，也有一些从其他视频分享网站转载而来的作品。

视频弹幕网站以弹幕作为其特色，弹幕是这类视频分享网站和其他视频分享网站的区分特征。知名弹幕网站包括 Niconico 动画、AcFun、bilibili 等。

（1）AcFun

AcFun 弹幕视频网，简称“A 站”，成立于 2007 年 6 月，取意于 Anime Comic Fun，是中国大陆第一家弹幕视频网站，中国二次元文化的开创者、引领者。成立以来，A 站以视频为载体，逐步发展出基于原生内容二次创作的完整生态，以高质量互动弹幕内容为特色，获得了超黏性的用户群体，累积了大量“80 后”“90 后”以及二次元核心用户，产生输出了大量网络流行文化，是国内主要的二次元年轻人聚集地之一。

（2）bilibili

bilibili 现为国内最大的年轻人潮流文化娱乐社区，该网站于 2009 年 6 月 26 日创建，又称“B 站”。bilibili 网站最大的特点是悬浮于视频上方的实时评论功能，爱好者称其为“弹幕”，这种独特的视频体验让基于互联网的即时弹幕能够超越时空限制，构建出一种奇妙的共时性的关系，形成一种虚拟的部落式观影氛围，让 bilibili 网站成为极具互动分享和二次创造的潮流文化娱乐社区。bilibili 网站目前也是众多网络热门词汇的发源地之一。

1.3 网络视频的特点

传统的电视传播系统在多年的沉淀发展下，已经具备了较完善的播出机制及管理机制，媒介资源相对丰富。互联网诞生后，网络视频参照电视传播系统的内容体系，在此基础上不断丰富构建自身内容，逐渐形成了自己独有的特点。

1.3.1 去中心化

网络视频的传播过程，打破了过去传统意义上受众与传播者间的界限，信息传播由单向、单点发展成了双向、多点、多媒体。通过互联网，用户可以随时随地上传、下载网络视频文件，还可以对网络视频进行留言、评论，与其他用户产生互动。从广泛的角度来看，在互联网场域中，受众与传播者之间的力量对比仍然存在较大悬殊，传播过程中依旧是网站占据主导地位，但在此过程中其“去中心化”的特点也得到更充分的体现。在网络环境中，任何一个网络节点都能够生产、发布新的网络视频信息，且所有生产、发布的视频都能够以非线性方式流入网络之中。网络场域中的每一个用户都是视频信息的发布者，他们之间的“话语权”是均等的，每个人都可以是某个信息的发布中心，相比传统传播过程，这更加“去中心化”。

1.3.2 碎片化

网络视频在实际的传播过程中还呈现出碎片化的特点。碎片化，意为完整的东西破成诸多零块。一些大型门户网站常采用“切分”的形式，把一段视频剪切成几十秒到几十分钟不等的“碎片化”片段，以此来增强视频的可观赏性，提升用户体验。网站将原本冗长繁多的视频切分、条理化之后，利用大数据功能，可以更便捷地为用户进行同类视频推荐服务。不仅如此，这样“碎片化”的网络视频可利用率更高，传播起来更加方便快捷，用户接受度欣然提升，对信息的反馈也更加及时。

1.3.3 影响力强

与电视播放的内容相比，网络视频内容能够重复循环播放，内容的利用率较高。网络环境下，任何时间、任何地点，用户都可以根据自己的兴趣选择收看不同内容的视频。且网络视频覆盖面积广、传播速度快、影响力大，影响可传达的范围没有地区的差异，甚至覆盖全球。在这样的传播过程中，受众可以根据自己的深刻理解与认识，对各种事物、事件发表评论，积极反映广大网络群众对事情的态度与看法。在过去许多重大突发事件的报道中，网络视频也以其反应迅速、覆盖面广等特点突出了其在网络媒体中的作用。

1.3.4 选择多样性

网络视频的传播突破了传统媒体的单一性，改变了受众被动接受信息的局面，这也是网络视频在网络传播中起到的作用。网络传播，指通过计算机网络进行的人际间的各类新闻、知识等信息的传播活动。网络传播以计算机通信网络为基础进行信息交流与利用，受众量大，奠定了其社会文化传播的目的。网络视频传播有三个基本特点：全球性、交互性、超文本链接方式。网络视频传播是以全球海量信息为背景、以海量受众为对象，受众同时又是网络视频信息接收与发布者，并可以随时对相关信息做出反馈，网络视频的形成与收看是在各种格式之间随意链接，并以喜爱程度、认知文化、地域特色的不同而形成各种各样的版本。有媒体指出在全球性的金融危机的重压下，人们会在恐惧和无奈的情绪中转而将幽默当作一种逃避方法。那些厌倦了谈论经济危机的网民们，也正是通过点击具有喜剧色彩的网络视频来调节自己的情绪。

网络视频技术的发展为广大受众提供了选择信息的多样性。受众随意选择收看网络视频的同时，可以随时对其加以弹幕、留言、评论、建议等来表达自己的观点。相比之下，网络视频的点击量及网站热点视频排行榜能够更加准确、直观地表明广大受众的喜好和收视趋势。通过这种对点击率、排行榜及其信息来源的分析，可以检验出受众群体对网络视频的需求特征和满意程度，为网络视频传播对受众接受心理及行为的效用分析提供有效参照，也同时对电视媒体、网络视频的舆论引导有一定启示的效用。①

1.3.5 社交性

网络视频有着网络传播最明显的特点，即社交性。网络传播活动模糊了

① 李思维，马琳．网络视频的特征及其影响［J］．新闻世界，2013.

地域与空间的概念，用最初也是最形象的比喻来说，它将“地球”变成了“地球村”，扩大了人际间的交往范围，促进并简化了不同国家、不同社会文化间的交流与全方位融合。网络环境能够包容传统文化环境下所产生的多种文化因素，形成了各种文化元素并存的格局。互联网在全球大部分国家和地区的使用表明了其在文化传播方面的巨大影响力，网络视频的传播特性更证明了网络在跨文化交流方面的作用。

综上所述，网络视频的特征在人们对网络视频的实际应用中得到充分体现。不过凡事有利也有弊，人们在享受网络视频带来的愉悦体验之时，也会被网络上的庸俗、偏激等问题所困扰，人们应当正确认识网络视频的特征，更加有效地利用网络视频发挥的功能，为自己及他人带来更加惬意的网络生活。对于行业内部来说，多加应用网络新技术，研究网络视频“点击量”背后的社会意义，将为研究媒介受众的使用动机与满意程度提供新的切入点，还将为电视传播对受众心理及行为的效用提供参考依据，进而形成了解舆情、体察民意的良好平台。

1.4 网络视频的目标人群

来自中国互联网络信息中心的研究数据表明：网络视频用户整体年龄明显低于非网络视频用户。网络视频用户在 22 ~ 30 岁年龄段的比例均高于非网络视频用户，年龄在 30 岁以上的网络视频用户明显低于非网络视频用户。网络视频用户与非网络视频用户相比呈现出爱好兴趣广泛的特征，视频用户在对从音乐、手机、网络游戏、IT（互联网技术）类产品到房产、汽车的爱好和兴趣的选择上明显高于非视频用户。①

① 中国互联网络信息中心. 2014 年中国网民网络视频应用研究报告［R］. 2015.

1.4.1 网络视频用户规模

来自中国互联网络信息中心的研究数据表明：截至 2016 年 12 月，中国网络视频用户规模达 5.45 亿人，较 2015 年年底增加 4064 万人，增长率约为 8.1%；网络视频使用率为 74.5%，较 2015 年年底提升了 1.3 个百分点。其中，手机视频用户规模为接近 5 亿人，与 2015 年年底相比增长 9479 万人，增长率约为 23.4%；手机网络视频使用率为 71.9%，相比 2015 年年底增长 6.5 个百分点，如图 1－1 所示。

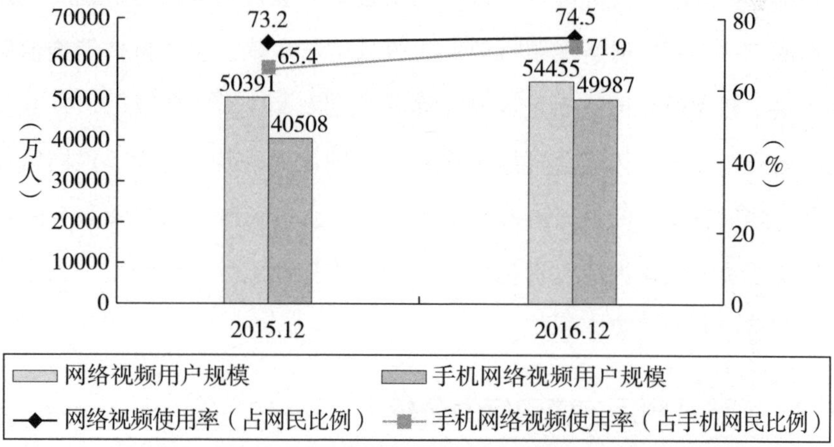

图 1－1　2015.12—2016.12 网络视频/手机网络视频用户规模及使用率

（资料来源：中国互联网络信息中心，2016 年第 39 次《中国互联网络发展状况统计报告》）

在国家相关部门的监管下，网络视频行业整体朝着健康、有序的方向发展。

在内容层面，各大视频网站纷纷将自制剧提升到战略高度，自制内容愈加精品化。国家新闻出版广电总局（以下简称“广电总局”）网络司网络视听节目备案库数据显示，2016 年 1 月 1 日—11 月 30 日，视频网站备案的网络剧为 4430 部，共计 16938 集，节目数量与 2015 年相比呈现井喷式增长。此外，网络自制节目在专业性、观赏性、艺术性上也有显著提升，品牌意识、精品意识增强，部分网络剧跻身年度热剧行列。

在播出模式上，基于视频网站的优质内容、视频平台收费首播、台网免费后播的新台网共赢模式逐渐规模化。视频平台逐渐形成自己的排播系统，网站付费会员开始为“好看”“先看”付费。这样不仅能缩短从内容生产到播出的周期，也有利于制作公司加速商业投入的回收。付费首播舆论助推电视剧的收视率，台网跟播则再次扩大电视剧的关注度，一方面实现用户覆盖互补，另一方面也实现了台网的相互导流。

在商业模式上，会员付费收入表现出强劲的增长趋势，网络视频生态圈逐步形成。一方面，网络视频行业广告收入增长疲软，会员付费等增值服务后劲十足，各大视频网站通过大剧排播模式创新和 VIP（高级用户）会员内容的有效开拓，积极拓展会员服务在网民中的渗透；另一方面，以网络视频为核心，辐射直播、商城、游戏、文学、社交、电影票务等多种服务的视频生态圈正逐步形成，为消费者提供一站式的体验和服务，带动整个数字娱乐市场上下游产业的繁荣。①

1.4.2 网络视频用户使用行为分析

（1）用户网络视频观看行为智能化

艾瑞咨询发布《2016 年中国电视台转型研究报告》，报告显示，中国网民中有近九成网民会在观看电视节目时使用其他智能终端，这些智能终端中，使用智能手机成为最主要的观看行为。与 2014 年相比，2015 年网民在观看电视节目时使用智能手机的比例增长较多，使用电脑的占比出现下降，如图 1－2 所示。

网民多终端观看行为的最主要原因是大家已经养成使用智能手机等终端

① 中国互联网络信息中心. 2016 年第 39 次中国互联网络发展状况统计报告［R］. 2017.

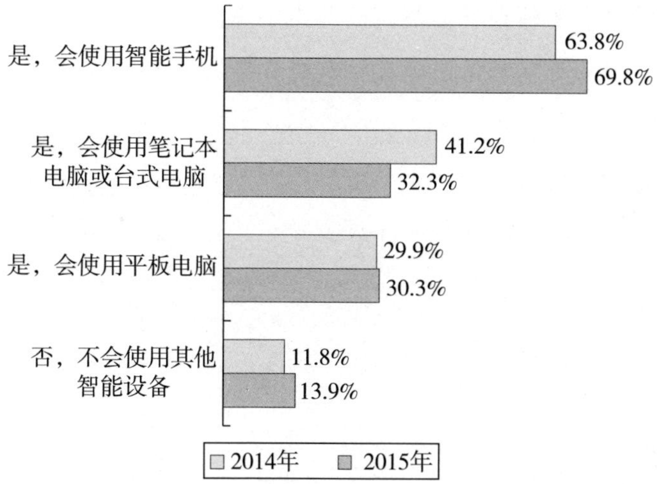

图 1－2　2014—2015 年中国网民观看电视节目时多终端使用行为分布

（资料来源：艾瑞咨询《2016 年中国电视台转型研究报告》）

的习惯，这与移动互联网的快速发展和网民观看电视节目以休闲为主的状态有关。此外，与 2014 年相比，2015 年，网民与朋友讨论、与网友互动的比例增长，网民观看节目时的社交需求不断增强，如图 1－3 所示。

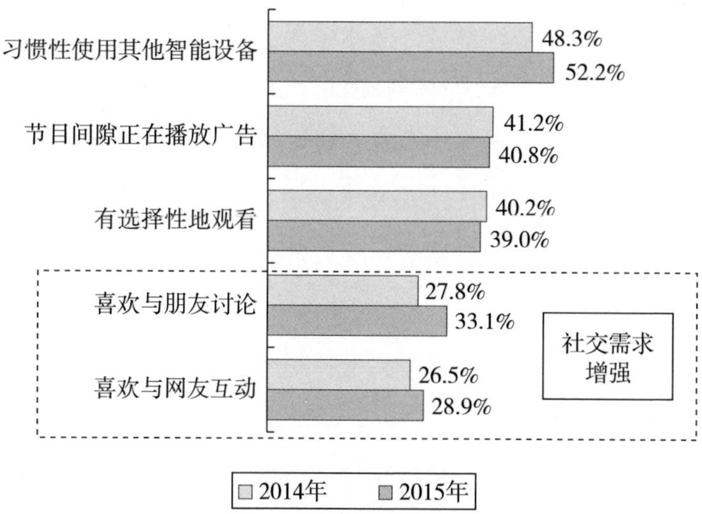

图 1－3　2014—2015 年中国网民观看电视节目时多终端使用行为原因分析

（资料来源：艾瑞咨询《2016 年中国电视台转型研究报告》）

网民通过网络视频观看的节目内容主要是以电视剧、电影、综艺节目、新闻等为主，网民通过不同平台观看电视节目的内容分布具有一定趋同性，如图 1 –4 所示。

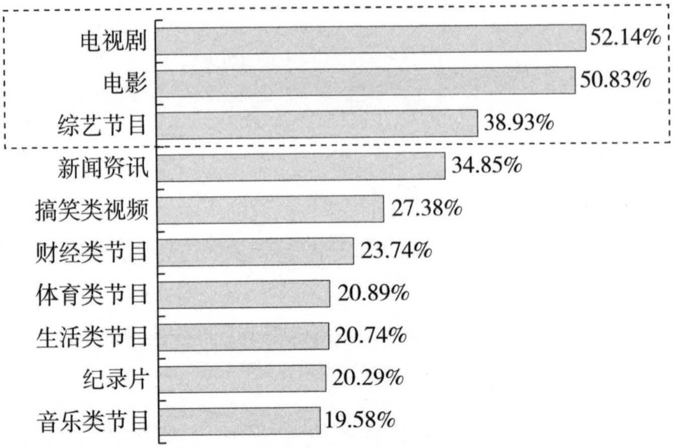

图 1 –4 2015 年中国网民通过网络视频观看节目类型 TOP10

（资料来源：艾瑞咨询《2016 年中国电视台转型研究报告》）

（2）用户网络视频观看行为移动化

根据《中国互联网络发展状况统计调查》数据，网络视频整体用户规模增长放缓。手机视频用户作为移动视频用户的重要组成部分，移动端视频用户规模增长非常明显，未来移动端将是整体网络视频用户规模增长的主要推动力量，如图 1 –5 所示。网络视频庞大的用户规模以及移动端用户规模不断增长的趋势，为视频平台广告营销以及付费产品等商业模式奠定基础，推动视频平台商业价值提升。

随着移动互联网用户规模的飞速增长和网络环境的不断升级，视频网站的战场从 PC 端蔓延至移动端。移动端视频观看起来短小轻快，多样化的内容不仅充分迎合了用户的口味，更是填补了用户的碎片时间，这些条件都为移动端视频的发展提供了肥沃的土壤。

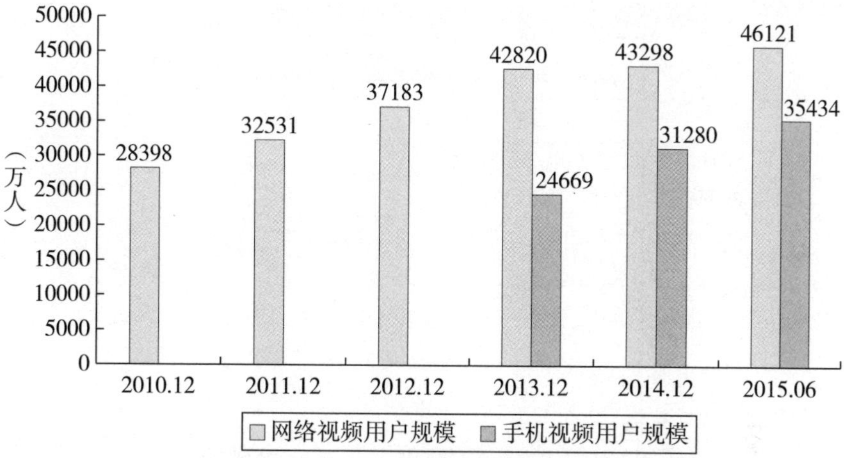

图 1－5　2010 年 12 月—2015 年 6 月中国互联网视频用户规模

（资料来源：易观智库《2015 中国网络视频市场及用户研究报告》）

根据易观千帆数据，2015 年 9 月中国移动综合视频用户规模为 39692 万人，访问时长达 316334 万小时，综合视频应用成为除社交网络、即时通信外移动互联网用户另一重要的娱乐方式，如图 1－6、图 1－7 所示。

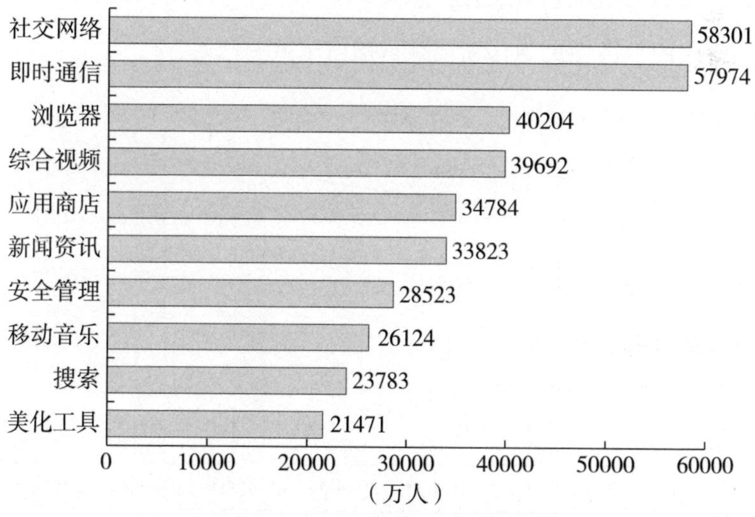

图 1－6　2015 年 9 月中国移动领域活跃用户规模 TOP10

（资料来源：易观智库《2015 中国网络视频市场及用户研究报告》）

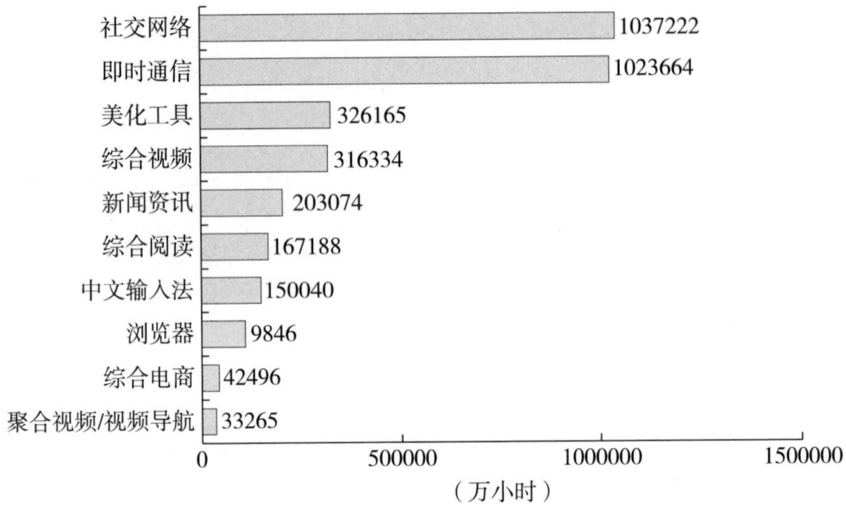

图 1－7　2015 年 9 月中国移动领域用户访问时长 TOP10

（资料来源：易观智库《2015 中国网络视频市场及用户研究报告》）

从整体发展趋势来看，移动视频用户人均单日访问时长趋势增长明显，2015 年第 3 季度同比增长约 11.1%，用户黏性增强，如图 1－8 所示。目前以免费服务为主的网络视频吸引用户长时间注意力，移动视频的用户黏性及屏幕端视频应用的独占性更为移动视频营销增添重要砝码。

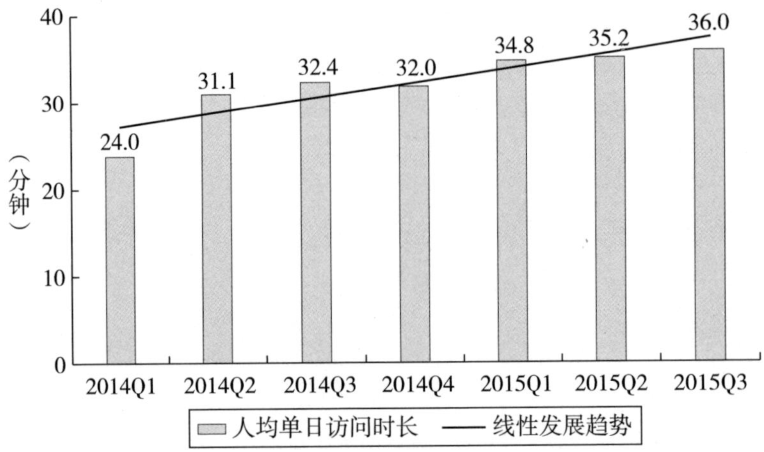

图 1－8　2014Q1—2015Q3 中国移动视频用户人均单日访问时长

（资料来源：易观智库《2015 中国网络视频市场及用户研究报告》）

移动端视频平台类型多样，其中综合视频应用保持突出优势，活跃用户规模在移动视频细分市场中排名首位。近几年，随着综合视频平台播放内容在质量上的提升，以及通过技术创新持续改善的移动端用户体验，未来综合视频平台影响力与用户规模还将继续领先，如图 1 – 9 所示。

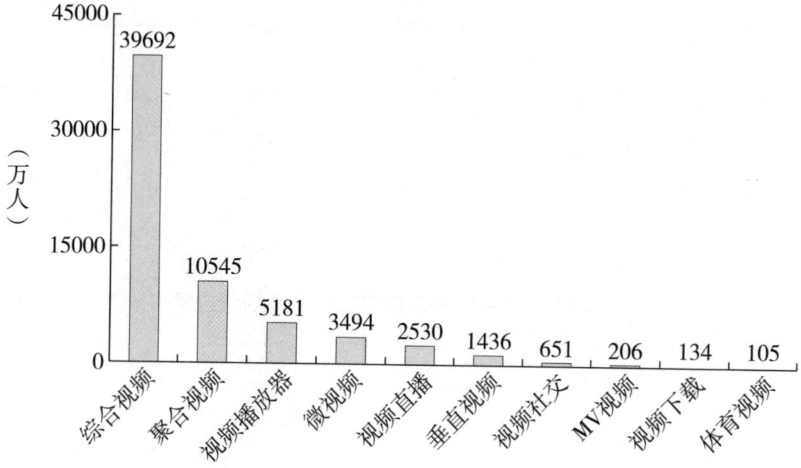

图 1 – 9　2015 年 9 月中国移动视频细分市场活跃用户规模

（资料来源：易观智库《2015 中国网络视频市场及用户研究报告》）

在用户使用时长方面，移动视频用户使用时长分配相对较集中，综合视频应用保持强势地位，用户使用时长占比高达 84.2%，是移动视频领域的中坚力量，用户依赖感和黏性强，营销空间大，如图 1 – 10 所示。

（3）移动视频用户呈年轻化

移动视频观看用户趋于年轻化，目前 30 岁以下的移动视频用户占比为 72.5%，如图 1 – 11 所示。

移动视频用户呈现年轻化特征，主要是由于青年群体消费需求旺盛，勇于尝试新鲜事物。基于此种发展趋势，网络视频平台需要在传统广告服务的基础上丰富和开拓更多元的服务形式，包括更具参与感的互动形式和更多样的付费行为，以深度挖掘用户个人价值。

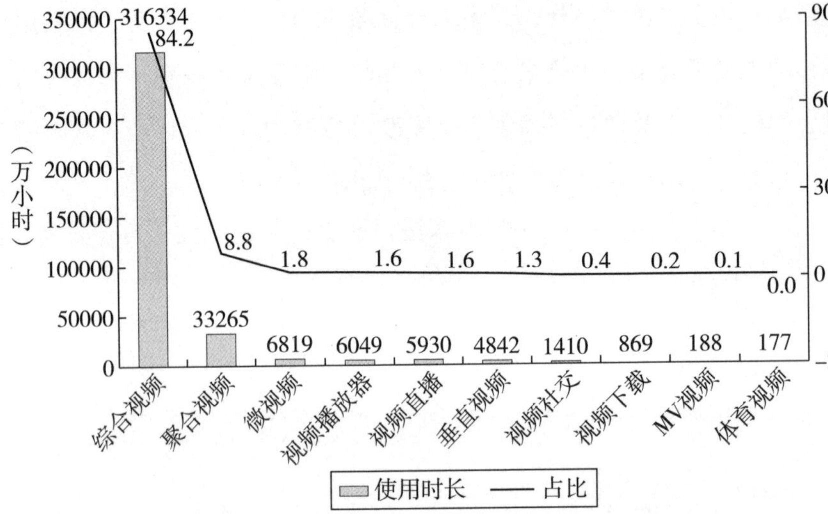

图 1-10 2015 年 9 月中国移动视频细分市场用户使用时长

（资料来源：易观智库《2015 中国网络视频市场及用户研究报告》）

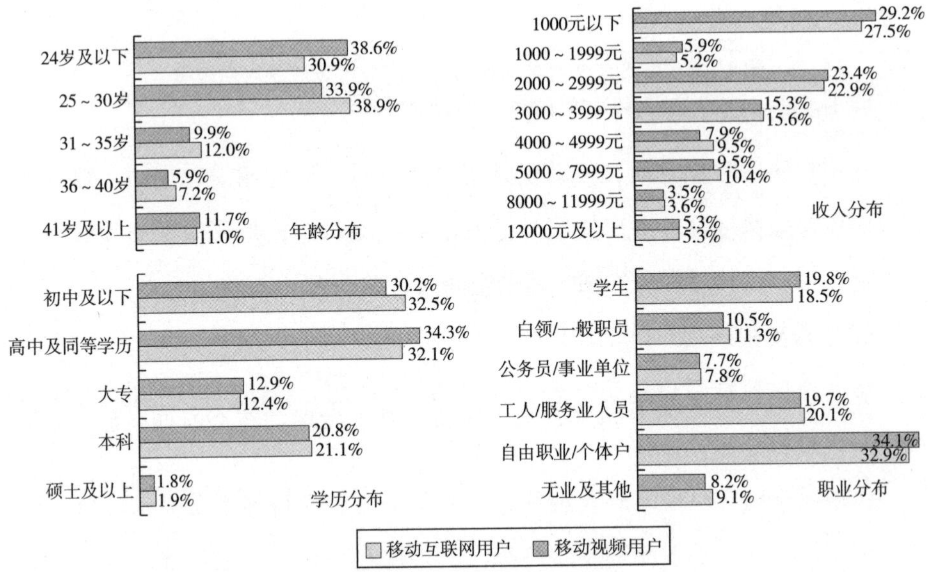

图 1-11 移动视频用户年龄/收入/学历/职业分布率

（资料来源：易观智库《2015 中国网络视频市场及用户研究报告》）

（4）内容质量、全面性最为重要，内容建设还需加强

在内容影响因素方面，经过长时间的发展优化，目前视频平台内容的全面丰富与高质量，无论从重要性还是用户满意度都处于较高水平。随着综合视频平台竞争加剧，独家内容、原创内容等将是视频平台通过内容形成差异化竞争优势的重要砝码，目前用户在这些因素上的重视程度还有待发展，视频平台在此还有需要加强的空间，如图 1－12 所示。

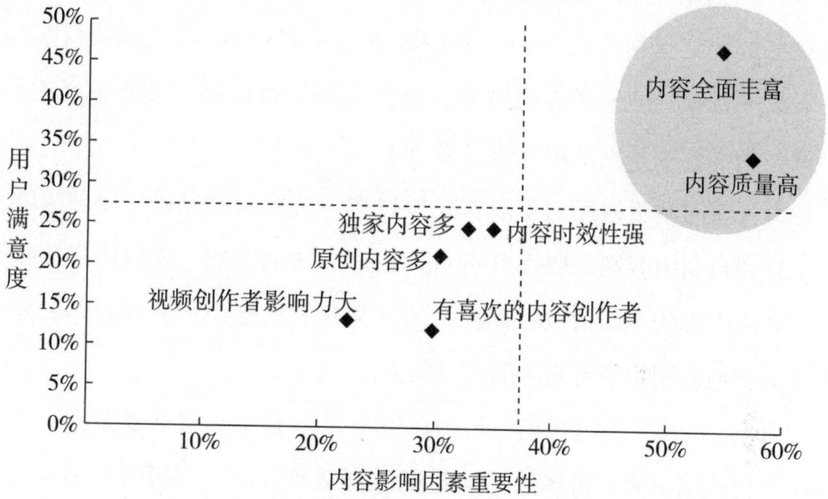

图 1－12　视频内容影响因素重要性与满意度综合分析

（资料来源：易观智库《2015 中国网络视频市场及用户研究报告》）

1.4.3　网络视频用户心理需求分析

近几年，我国网络视频开始步入正轨，进入发展的黄金时期。如上文所述，截至 2016 年 12 月，我国网络视频用户规模接近 5.5 亿人，这直接带动了网络视频行业在近两年的迅猛扩张，包含网剧、网络综艺和网络大电影在内的 2016 年市场总规模达 600 亿元，同比增长 55.9%，2017 年预计达到 856 亿元。其中，网剧市场规模 2020 年有望达到 500 亿元。网剧的付费市场规模也有望在两年内急速增长。2017 年年初进行的大规模用户调查显示，50% 以上

的观众愿意为网剧和网络综艺付费，成为视频网站会员，而29%的观众愿意为网络大电影单次点播付费。[①]

对于视频网站来说，想要逐渐发展壮大的核心驱动力即是用户对优质视频内容的需求，这也是能使视频网站立于不败之地的核心竞争力。2010年，我国在线视频网站用户付费开始起步。近两年，在线视频内容付费进入快速增长的爆发期，各视频企业开始大力推广用户付费。随着用户收入水平以及消费水平的不断增长，尤其是付费市场主要用户——一、二线城市年轻群体消费观念的转变，用户更倾向于便捷收看高清视频内容，盗版时代“找资源—下载—观看”的模式逐渐被弃。通俗来说，可以用“找得到、看得了、看得爽”来形容视频网站用户的需求。[②]

各大视频网站版权库的不断扩充是付费市场成长的基础，而各家购买的独家版权和自制内容则是吸引各自付费用户群体的利器。流媒体播放技术的进步，高清资源的流畅播放，无广告的观看模式无疑使用户观看体验变得更好，这正是构成用户观看需求的重要因素。

《2014年中国在线视频用户行为研究报告》是艾瑞咨询集团通过对在线视频用户的使用习惯、媒体选择等数据进行调研及深入分析后推出的大调研系列报告之一。报告显示，影响用户选择视频PC网站/客户端的因素中，内容丰富全面、视频清晰度高、浏览速度快三项的比例分别为57.3%、53.4%和52.0%，远高于其他选项。视频清晰度高、浏览速度快这两项涉及用户体验，艾瑞分析认为，在用户上网条件相同的前提下，主流在线视频媒体在视频清晰度、浏览速度方面没有明显区别，而主流在线视频媒体更多的是在内容方面展开竞争。

近几年，更多用户偏好观看网站自制内容。在“网友原创内容”“专业团

① 资料来源于骨朵传媒。

② 中商情报网.2015年中国视频网站用户需求分析［EB/OL］. http：//www.askci.com/news/chanye/20160417/1054159238.shtml，2016.

队自制内容”和“网站自制内容”三类网生内容中，经常收看网站自制内容的视频用户占比为33.1%，高于其他两类网生内容形式。而围绕自制内容的营销服务创新放大了视频网站的营销价值。从观看时长来看，每周观看20小时以上网生内容的重度用户占比均超过10%，这部分用户比其他用户具有更高的付费可能以及更大的营销价值，如图1－13所示。

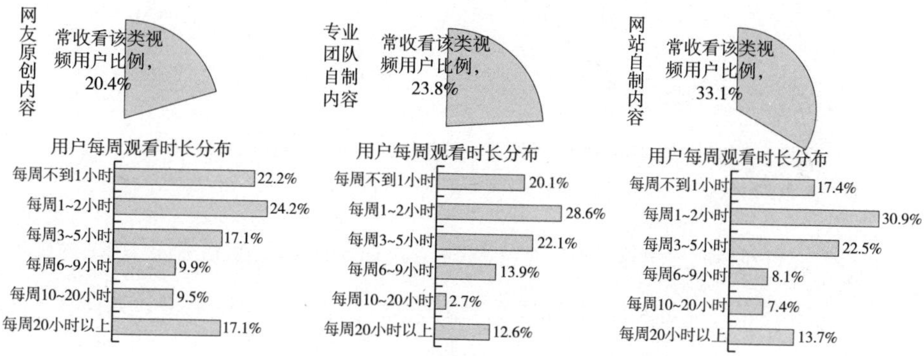

图1－13　2015年三类网生内容的用户偏好率

（资料来源：易观智库《2015中国网络视频市场及用户研究报告》）

在传统电视市场受到“一剧两星”政策影响的情况下，自制剧以其贴合网络受众、题材丰富、富于娱乐性的特点受到网络视频用户认可。在网站自制内容重度用户观看比例TOP10的自制剧中，优酷土豆出品的自制剧占七成，如图1－14所示。

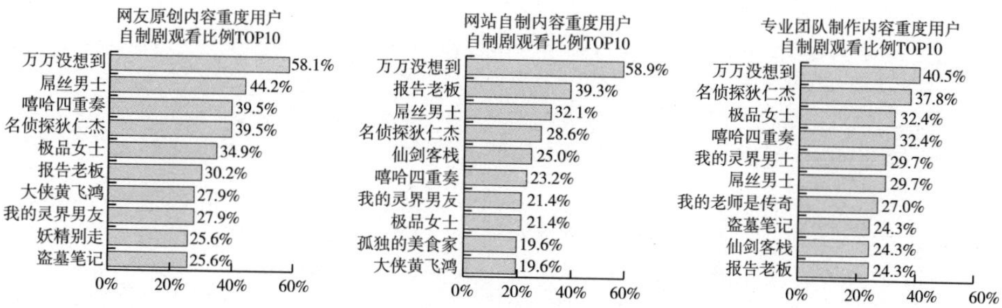

图1－14　三类网生内容观看比例TOP10

（资料来源：易观智库《2015中国网络视频市场及用户研究报告》）

在自制剧方面，拥有高人气原创 IP 的内容，能够吸引大量用户观看，这也开启了网络视频平台付费观看差异化的排播模式，如图 1－15 所示。

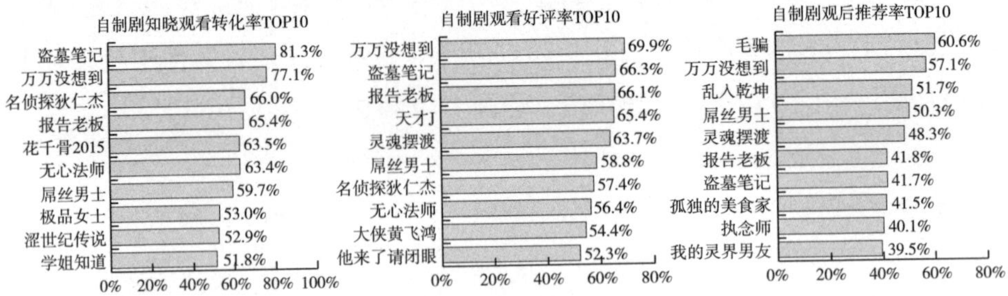

图 1－15　自制剧知晓观看转化率/观看好评率/观后推荐率 TOP10

（资料来源：易观智库《2015 中国网络视频市场及用户研究报告》）

搞笑类自制综艺和明星娱乐类自制综艺，在网生内容重度用户中观看比例较高，这两类节目也是网络自制综艺中出品数量较多的节目类型，如图 1－16 所示。

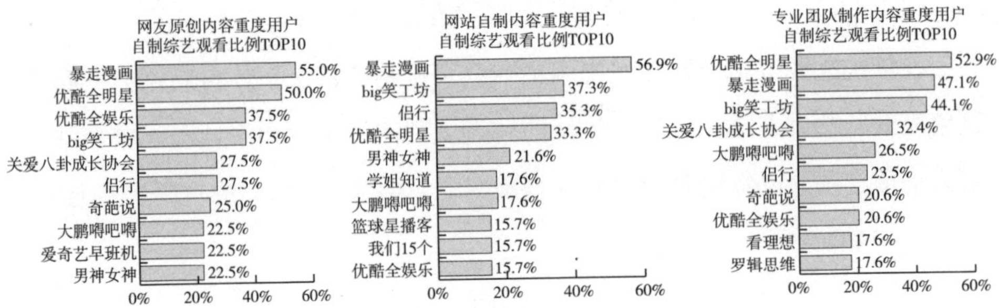

图 1－16　三类网生内容重度用户自制综艺观看比例 TOP10

（资料来源：易观智库《2015 中国网络视频市场及用户研究报告》）

2015 年视频平台自制综艺发展火热，辩论、吐槽、娱乐播报、脱口秀、旅行、搞笑等多元素、多形式的综艺节目，给用户提供了不同口味的观看选择，而用户也回馈以高点播量及好口碑，如图 1－17 所示。

近年来，随着技术的发展，智能手机、平板电脑的快速普及提高了视频平台使用的便捷性；大数据技术带来的视频平台内容搜索推荐、内容进入等

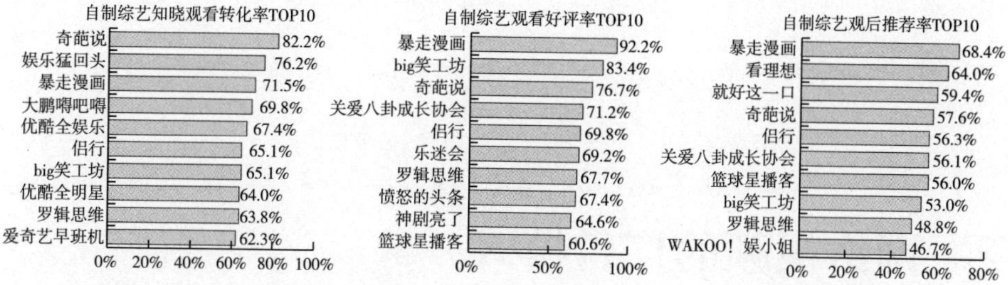

图 1－17　自制综艺知晓观看转化率/观看好评率/观后推荐率 TOP10

（资料来源：易观智库《2015 中国网络视频市场及用户研究报告》）

模式的进一步优化，大大提高了视频内容观看的便捷性。除此之外，评论、弹幕、投票等互动方式在一定程度上也为观众提供了心理归属感，这有利于增加用户对平台的忠诚度及黏性。

2　网络视频的广告模式

2.1　网络视频广告市场现状

2.1.1　网络视频广告市场份额

从图 2－1 中我们可以看到，美国网络视频广告市场份额从 2010 年的 14.3% 增长到 2015 年的 32.3%，在品牌图形广告、富媒体广告、赞助广告均呈下降趋势的情况下，网络视频广告依然呈现出逐年增长的态势。

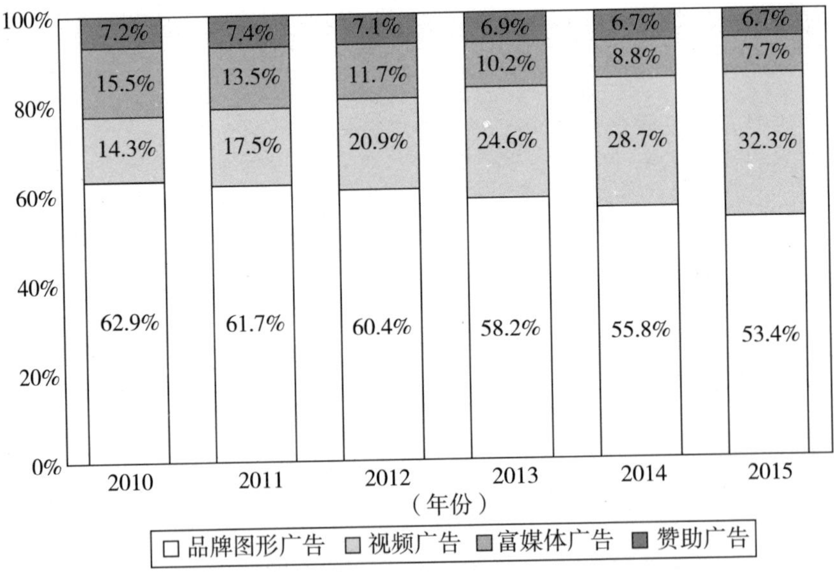

图 2－1　2010—2015 年美国网络广告市场份额（按广告形式）

（资料来源：eMarketer）

如图 2－2 所示，根据易观产业数据库发布的《中国网络视频广告市场季度监测报告（2015 年第 1 季度）》数据显示，从 2012 年第二季度到 2015 年第一季度，中国网络视频广告市场总体呈稳定增长态势。其中，2015 年第一季度中国网络视频广告市场规模达 41.1 亿元，受季节因素影响，比 2014 年第四季度环比下降 21.9%，但相比 2014 年第一季度同期增长 38.6%。这主要得益于大量优质视频资源纷纷涌入市场，用户对网生内容拥有更高的接受度。核心 IP 能有效提升用户黏性，有效提升营销价值、用户价值。

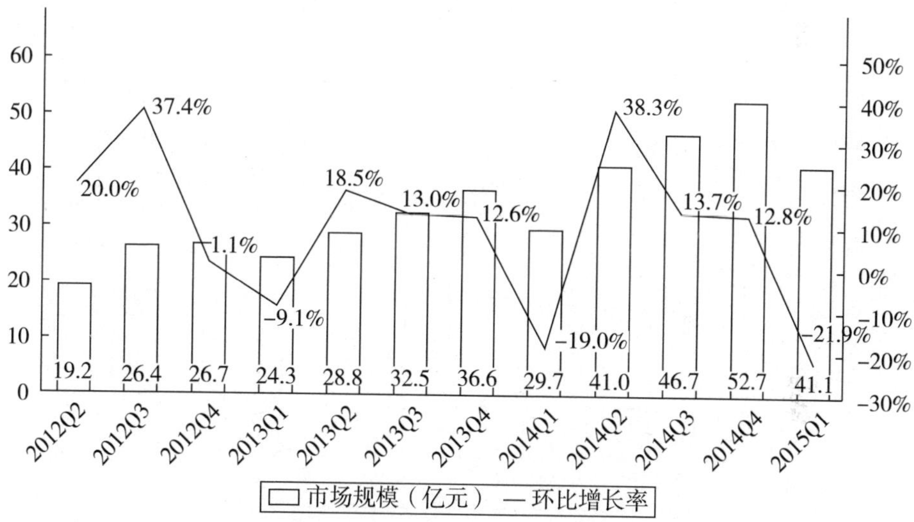

图 2－2　2012Q2—2015Q1 中国网络视频广告市场规模

（资料来源：易观智库《中国网络视频广告市场季度监测报告（2015 年第 1 季度）》）

随着移动互联网的兴起，移动视频广告开始冲击传统 PC 端视频广告市场，面对 PC 视频广告市场的增长放缓，用户流量获取成本不断上涨的情况下，移动端视频广告的出现为视频广告市场拓展出了一片新的增长空间。爱奇艺数据研究院调查得出：尽管手机屏幕比 PC 屏幕要小，但是移动视频广告对用户的影响力并不弱于 PC 端。有 78% 的用户通过手机观看视频时有戴耳机的习惯，面对更封闭的视听觉环境、更专注的注意力、更强的交互性，用户的广告体验将会有所提升。资料显示，用户在移动端观看视频时难以同时进行多线程的任务工作，因此移动端对于时间的占有具有独特性，其点击转化率普遍比 PC 端高出 5 倍到 10 倍。① 移动互联网的用户群像决定了移动视频广告受众的高品质性，移动互联网的使用频次决定了移动视频广告的高达到率。

如图 2－3 所示，一方面随着大规模优质内容的上线，网络视频播放量持续走高，网络视频广告市场规模整体趋势向好；另一方面移动视频广告已占整体视频广告市场近半壁江山，随着新技术手段的运用和消费场景移动化程度的加深，移动端视频广告份额还将持续增长。而随着移动端的流量贡献逐渐占主导地位，在流量格局变动后，商业格局亦将改写。

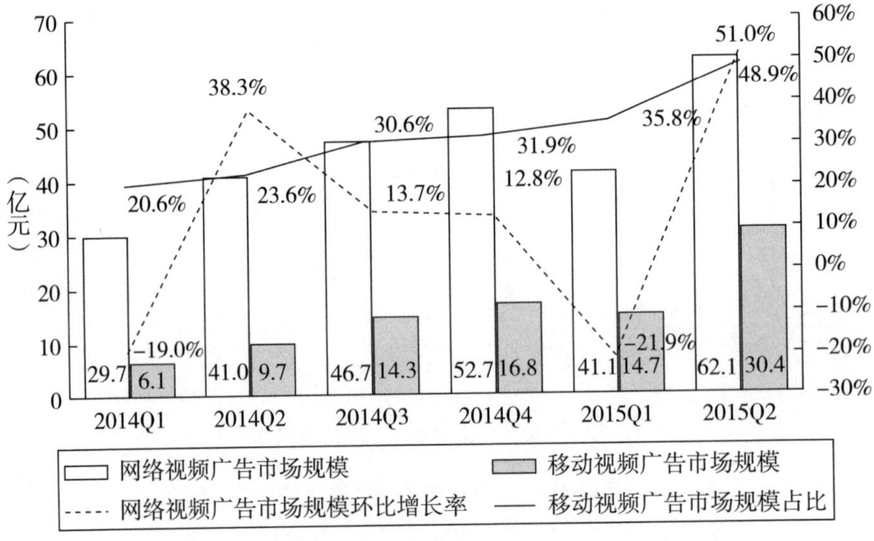

图 2－3　中国网络视频广告市场规模（2014Q1—2015Q2）

（资料来源：易观智库《2015 中国网络视频市场及用户研究报告》）

如图 2－4 所示，从 2013 年第二季度到 2015 年第一季度，广告收入虽然在线上视频行业中占比有所减少，但截至 2015 年第一季度，广告收入仍占网

① 腾讯科技．跨屏营销时代：移动视频广告大破局［EB/OL］. http：//tech. qq. com/zt2012/tmt-decode/325. htm，2016.

络视频行业总收入的 58.2%，[①] 说明相比版权分销、视频增值服务等收入来源，广告仍是网络视频行业最主要的赢利模式。另外，在图中也可以看到，版权分销和视频增值服务占比均有不同程度的增长。因此可以预见，未来随着网络视频行业的产品线不断完善，非广告收入的增长也将进入快速发展阶段。

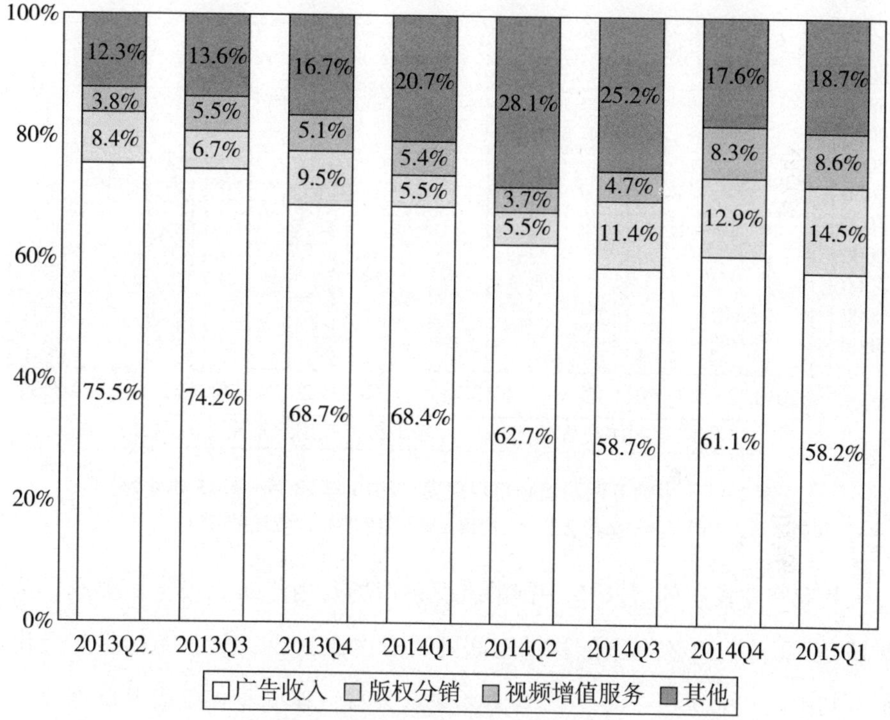

图 2－4　中国在线视频行业收入构成（2013Q2—2015Q1）

（资料来源：艾瑞咨询《季度数据发布——在线视频（2015Q1）》）

2.1.2　网络视频市场用户人群

根据《中国互联网络发展状况统计报告》数据（见图 2－5），截至 2015 年 6 月，网络视频用户规模达 4.6 亿人，手机视频用户规模为 3.5 亿人，整体

① 艾瑞咨询．季度数据发布——在线视频（2015Q1）［R］. 2015.

增幅有所放缓但依然呈不断上升趋势，其中移动端用户规模增长明显。面对网络视频行业的爆发式增长，广告营销部门正在重新调整传统广告与富媒体广告的预算比例，着重线上视频广告的资金分配。基于高流量的用户基础，无论流量变现还是付费产品的开发，都为网络视频平台提供了更多的价值探索。

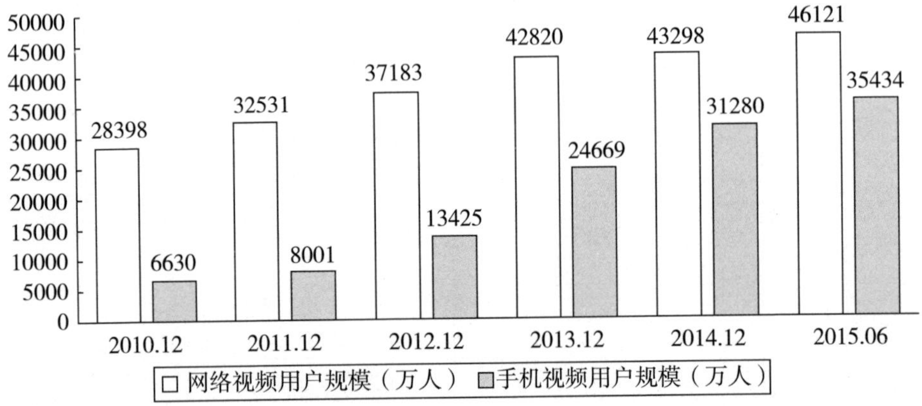

图 2－5　中国互联网视频用户规模（2010 年 12 月—2015 年 6 月）

（资料来源：中国互联网络信息中心《中国互联网络发展状况统计报告》）

易观智库发布的《2015 中国网络视频市场及用户研究报告》显示，截至 2015 年 12 月，30 岁以下的移动互联网用户占比达 69. 8%，整体呈年轻化特征。其中以“90 后”“00 后”为主要受众人群，他们是伴随着互联网成长起来的一代，习惯投入大部分的时间成本用于线上活动，对互联网依赖程度高，把网络作为日常信息的获取渠道和消遣娱乐的工具手段。此类用户人群，拥有强烈的好奇心，勇于尝试新鲜事物。

2. 1. 3　网络视频广告的投放情况

如图 2－6 所示，对于播放前广告、节目冠名广告、结尾广告、暂停广告等对用户观看行为干扰较小的广告形式接受程度普遍较高，而超过半数的用户对于开机广告、悬浮广告、视频购物、中播广告的干扰性持无法容忍的态度。① 因此网络视频的广告形式应尽量避免会给用户的观影过程造成困扰的“硬广”，而应该在广告与内容的贴合度上着重考虑，通过创意策略等途径与用户建立良好的互动关系，同时也应积极寻求视频广告之外的多元化营收模式，避免对广告业务的过度依赖。

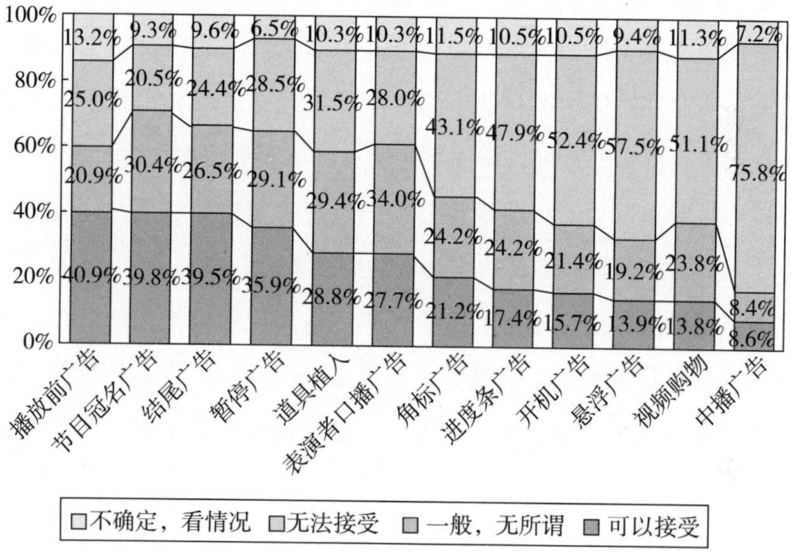

图 2-6 中国网络视频用户对不同形式广告的接受情况

（资料来源：易观智库《2015 中国网络视频市场及用户研究报告》）

通常情况下，用户在观看节目时并不希望受到外界的干扰。但越是热度居高不下，观看人数较多的节目，越受到广告主们的青睐。他们争相竞价，一掷千金就为了能够抢到热播节目的黄金广告位，以求获得最大范围的曝光。一些综艺节目的广告总收入曾达到了几十亿元，甚至 1 分钟的广告竟然卖到过 1000 万元的天价。

从大众传播学的角度来看，用户的选择性心理层级可分为：选择性注意、

① 易观智库. 2015 中国网络视频市场及用户研究报告 [R]. 2016.

选择性理解、选择性记忆。选择性注意就是指用户的注意力会根据自身的喜好呈现出不同的偏重。比如用户对某事存在好感，那么在遇到该事或者相关事件时，其注意力更容易受到吸引。选择性理解，用户会根据自己已有的知识储备、价值观等作为判断依据，来理解自己所接触到的信息，并做出相应的个人理解。选择性记忆，用户会根据自己的需求，在已接收的信息里筛选出自己感兴趣的内容进行记忆。这也就可以解释为什么广告主偏爱在热播节目上高价投放广告，比如某用户是《爸爸去哪儿》综艺节目的忠实粉丝，节目的赞助商英菲尼迪作为节目选手的代步工具经常出现在节目中，由于植入的隐蔽性和节目的精彩程度，该用户并没有对英菲尼迪的品牌广告产生反感，反而在其产生购车欲望时，关联到节目中该品牌塑造的实用性、好感度等形象标签，因此有可能把该品牌汽车列入购买的备选名单中。

不仅参与度的高低直接影响网络视频广告的投放效果，用户在观看节目时的情绪状态也是影响广告效果的重要因素，因此，广告主在进行广告投放时，需要考虑到投放的策略性，让用户在无意识的状态下将广告印象留存在潜意识里。

2.2 网络视频广告的分类

网络视频广告从表现形式上可以分为视频贴片广告（包括前播、中播、后播式贴片广告，覆盖式贴片广告，背景伴随式贴片广告）和植入式视频广告及微电影广告。

2.2.1 网络视频贴片广告

网络视频贴片广告就是网络视频的制作方、版权方与广告主达成合作，在视频播放之前、播放过程中、播放结束后强制播放的与视频内容无关的广告，也就是所谓的显性广告（硬广）。这是目前视频行业使用最为广泛的广告形式之一。

（1）前播、中播、后播式贴片广告

这种贴片广告是目前出现频次较高的网络视频广告，主要原因在于网络视频不同于电视视频，它具有较强的目的属性，通常是用户进行关键字搜索后，直接观看相关视频内容。因此在面对电视广告时，用户的换台率较高，但对于网络视频而言，由于用户具有“唯一性”，因此只能对出现的广告持容忍态度或者采用其他付费手段（如开通会员）规避广告。网络视频平台中贴片广告的优势在于它的强互动性，在用户观看广告的过程中，如果遇到感兴趣的内容，可以通过点击、搜索等形式与广告内容进行交互，甚至进一步产生购买欲望。在观看视频节目之前的十几秒到几十秒不等的广告为“前播贴片广告”，穿插在网络视频播放过程中的广告为“中播贴片广告”，网络视频播放完后的广告为“后播贴片广告”。其中前播和中播贴片广告的强制效果好，但是用户转化率却不能令人满意。

首先，用户往往不能容忍在欣赏视频内容之前，先被迫观看一段时间的广告，甚至有时候广告的播放时间还要长于视频本身。一项关于大学生对网络视频贴片广告接受程度的调查分析显示，受众对于 15 秒以内的广告时长接受程度普遍较高，广告时间长于 15 秒，接受程度呈下降趋势。相对于视频前、后插播贴片广告而言，用户对于较长广告时长，视频播放中期插播贴片广告的接受程度更低。而且如果在广告播放过程中，由于网络状况不佳导致卡顿等突发状况，页面重新加载时无法智能从断点播放，用户还需要再看一次广告。如果在用户体验和商业变现上无法平衡，则容易触发用户对品牌的反感情绪。

其次，一些网络视频平台的贴片广告是可以在播放一段时间后关闭的，短短几秒钟的时间所传递的信息量存在局限性。加之现在不断涌现的“屏蔽商业广告”的浏览器、PC 插件发挥作用，更使网络视频贴片广告困难重重。2014 年 9 月，猎豹浏览器斥优酷不正当竞争一案终审判决，起因是由于猎豹浏览器安装第三方广告屏蔽软件，导致优酷视频前置贴片广告被屏蔽后，优酷网针对猎豹浏览器的访问进行了限制。最后，优酷网被判败诉，需赔偿猎豹浏览器20万元并道歉。

（2）覆盖式贴片广告

覆盖式贴片广告的表现形式为：用户打开视频网站后，先以小窗口图文或视频的形式出现在页面的顶端或底部，当用户用鼠标触碰或点击小窗口广告时，会弹出正常格式的广告内容，或者新建广告网页。不会给用户的观看过程造成干扰是覆盖广告的最大优势，不同于视频贴片广告的强制性，用户可以根据自己的兴趣需要自行选择是否要观看广告。但是也由于覆盖式贴片广告的非强制性，它的用户打开率并不高，因此广告主在投放此类型的贴片广告时往往需要考虑到广告内容和形式的创新性和实用性。在投放效果上，基于用户对广告的自主选择性，广告适配的目标人群精准性更高，因此也成为广告主投放广告时经常选择的方式。

（3）背景伴随式贴片广告

背景伴随式贴片广告通常位于视频播放所在的两侧背景页，用户观看视频时，在不全屏的情况下，广告页面自动变暗，但始终在视频两侧展示，视频播放完毕后，两侧广告栏恢复亮度，暗示用户与其产生互动，进一步跳转广告主网站。这种背景伴随式贴片广告增加了对视频网站播放背景的应用，对用户的干扰度较小，而且呈现出长时间的展示状态。但是背景伴随式贴片广告只能出现在留有背景广告位的视频网站，目前很多视频网站难以保有足够的广告位，因此背景伴随式贴片广告通常仅在某些广告主赞助的相关活动中出现。

2.2.2　网络视频植入式广告

网络视频植入式广告属于植入式营销范畴，是指以不易被发现的手段，将广告元素巧妙地植入到视频节目中，区别于“硬广”，网络视频植入是以一种软性的手法植入广告。被植入的广告内容通常与视频节目有一定关联，这种广告形式相比于传统的硬性植入可接受程度较高，对用户造成的干扰较小，甚至可以借由技术优势，满足用户观看视频时所引起的购买需求。粗暴直接的电视广告可能会被不感兴趣的用户直接忽略，而植入式广告的魅力在于，它是隐藏在精彩节目中的意识形态，可能用户在不经意间就将表演者的服饰、去过的餐厅、用过的物品记在心里，潜移默化中形成产品记忆。

（1）传统的视频植入式广告

1999 年冯小刚的贺岁大片《没完没了》首开我国视频植入式广告的先河，红牛、海尔、中国银行长城卡都参与了当时的产品植入。此后，以《手机》《天下无贼》为代表的电影业、以《奋斗》《乡村爱情故事》为代表的电视剧、以《超级女生》《快乐男生》为代表的综艺节目纷纷掀起了网络视频植入式广告的商业热潮。依据视频内容植入广告的优势在于它与剧情联结紧密，能够让观众在欣赏影片的过程中，自然感受到产品功能，增强产品印象。但这种拍摄过程中的视频植入也有不足之处，为了之后拍摄过程中相关情节的安排，商家需要在拍摄项目启动之前就与制作方洽谈好所有的植入事宜，这就导致了植入广告的灵活性不足，遇到与广告主签约后发觉产品与内容的黏合度不高、剧情删减等问题，往往会导致广告植入生硬、效果突兀等影响观看体验的后果。

（2）新技术环境下的视频植入式广告

①视频动态广告植入——“Video in”

2014 年 12 月，爱奇艺推出了其专利视频动态广告植入技术——“Video in”，又名“闪植”。凭借此技术，广告在视频中的植入已经不仅限于影片制作过程，拍摄完成后和节目播出的过程中都可以随时根据需求通过后期的二次加工，将不同产品植入到视频之中。“Video in”摆脱了单一的“预设”植入的广告形式，使得视频植入广告摆脱了时间和空间上的限制，从而增强了灵活性和周期性，具有强大的营销延展空间。无论是服饰、餐厅还是手机、汽车，“Video in”技术都展现了商业植入模式的新探索。

首先，广告主可以根据视频节目播出之后的热度来决定是否进行广告投入，避免不必要的资金浪费；其次，“Video in”技术可让广告主自行挑选植入剧情，可以精准到具体时间点。与此同时，“Video in”的出现也给中小型的内容制作团队开辟了一条植入式广告收入，从而打造新型产业模型，甚至下一步还可以通过技术研发实现视频广告植入的个性化，直接与屏幕另一端的消费者对接，针对不同的用户类型精准投放广告，实现“千人千面”的投放效果。比如针对年轻妈妈，可能视频中出现频率较高的是母婴用品植入，对于白领，则会植入有关高品质生活的产品信息，甚至还可以根据不同时期进行不一样的广告植入，比如过年前后，视频里可以添加年货、礼品等的相关植入。

②视链广告——边看边买

很多用户在观看视频节目时总有对某位表演者的衣着、使用的物品等感兴趣，却苦于不知道在哪里购买的经历。“视链”技术的出现刚好解决了这个难题，目前“视链”技术主要应用于互联网视频市场，主要表现为：当视频节目播放到某一场景时，屏幕中会出现5~10秒的浮层广告用来展示相关商品。用户点击浮层广告便可在屏幕右侧看到产品的详细介绍（非全屏模式下），并配合店铺链接按钮作为购买引导，通过视链技术以及合作商家的配合，将用户与心仪的产品形成一站式的购买体验。

图片识别是视链广告的基础工作，需要有海量图片库资源才能保证视频中物品的精准识别。目前国际上对于视频商品精准识别的效果还不甚理想，物体识别的精准度仅有50%左右。一些视频网站会选取淘宝等电商平台上的关键字及演员使用物品时的剧照，来反向识别物品出现的相关剧集和相关场景进行标注。此外，视频中的产品匹配需要对海量数据库中的对应内容进行标注，目前机器识别的水平尚不达标，还需要依赖人工标注的配合。“智能识别+人工手动匹配”为现在常用的标注方式，机器人先行识别出视频所在场景进行分类，再交由人工在相关场景中植入视链标签。值得一提的是，后期视链广告要想扩大规模，形成完善快速的视链广告运行模式，还需要逐渐摆脱对人工智能的依赖。

根据企鹅智酷发起的《2015 年网络视频使用行为调查报告》显示，在观看视频节目时遇到心仪的产品，42.3% 的用户会在互联网平台上搜索同款信息，这也为“视链技术”实现边看边买提供了依据。目前，我国多家主流视频网站都开通了视链技术，在腾讯视频自制节目《大牌驾到》两周年特别企划中，著名演员高圆圆与京东商城合作，带着自创品牌达芙妮圆漾系列女鞋来录制节目，利用“视链”技术，开启边看边买模式。用户在观看演艺人士做客节目的过程中，就可以通过提示链接对圆漾女鞋下单购买。就在节目上线的 24 小时内，高圆圆同款女鞋均告售罄。

所谓的视链广告也并非局限于视频中出现的某个产品，比如爱奇艺的“随视购”，主要分为场景识别和物品识别，场景识别是弱关联，比如视频情景是在医院，那么可以显示医药用品、保健品等相关广告链接，而不一定是视频中出现的某些具体物品。据爱奇艺首席科学家王涛介绍，正常情况下，视链广告的推送与视频内容存在较强的关联性，容易引起用户的兴趣。另外，视链标志的设计方便，采用小尺寸、半透明的角标素材，在观看视频方面不会对用户造成太大的干扰。在爱奇艺的“随视购”，目前一集最多只出现 2 个点位，未来可能会考虑增加到 3 ~ 5 个。在投放效果上，如果与视频中出现的产品为同款产品，点击率则会比传统广告高出五倍到十倍以上。因此，合理的视链广告植入既补偿了片方的制作成本，增加了广告主产品的曝光率，又在一定程度上满足了消费者的购物需求，可谓是媒体平台、广告主、用户的三方共赢。

③智能刷脸——“Figure out”

2015 年 5 月，爱奇艺发布了全国首个刷脸植入广告的智能视频技术“Figure out”，该技术通过系统的深度学习，可以自动识别演艺人士的脸部特征，无论是其正面、侧面还是处于复杂的视频场景中，Figure out 都可以从海量视频资料库中，依据其关键面部特征精准识别，并在屏幕旁边提供其代言的产品广告投放。“Figure out”为粉丝经济的商业变现提供了一条新渠道，将消费者情感与偶像代言产生联结，无论是在电影、电视剧、综艺节目还是新闻资讯中，只要有这种 IP 资源的出现，就会为商业变现提供进一步的价值空间。

④360 度全景立体营销

伴随着真人秀《花儿与少年》第二季的热播，芒果 TV 全新互动产品“灵犀”也隆重登场。这款基于 AVD TOUCH 技术、从凯络中国 POPCON 孵化而出的个性化产品，紧密围绕芒果 TV 平台内容及用户特性，通过即时精准推荐，真正实现内容与用户之间的心有灵犀。

这款可以高度融合节目内容与广告内容的个性化产品，能将动态呈现、静态展示、跨屏互动、电商导流等丰富的广告形式植入节目视频本身，最大化完成商品与节目的内容捆绑，真正为客户实现 360 度全景立体营销，提升品牌回报。

“灵犀”总体呈现出“Video +”模式。

Video + 互动百科：在《花儿与少年》节目中，出现的名胜景点、出行物品、嘉宾着装、酒店餐厅等实物信息，都可以转化为品牌广告。

Video + 电商：触发节目嘉宾身上的提示点，可以看到嘉宾的代言信息与相关视频内容，或得到嘉宾同款商品推荐，直达购买页面。

Video + 互动：触发内容提示点，可查找往期相关内容，或参与投票；触发品牌提示点，可以看到相关 TVC（商业电视）广告，或扫描二维码参与更多互动。

通过“灵犀”还可以看到嘉宾的代言信息与相关电影、电视剧、音乐视频内容，为内容、电商、用户三者之间全面打通渠道，实现边看边买、边看边玩、即看即了解、即看即互动，让广告本身成为视频内容体验场景中的一部分。

植入式广告的营销美学内涵在于隐藏营销的主角，包括商品、服务等具体化的商品信息。暂时让消费者遗忘其背后隐藏的商业功利性，而沉醉于对故事的欣赏中。而后在不知不觉中，通过物质诱惑、娱乐吸引、美学语境等，设法激活消费者的购物意识。通过提供有价值的产品和服务，激发消费者的潜在需求，诱导他们对商品构建心灵上的共鸣，在整个作用的过程中，消费者多处于无意识或下意识的状态。

相较于网络视频贴片式广告和传统的视频植入式广告，新技术环境下的视频植入式广告更好地满足了 AISAS 消费者行为①中的 Action（行动），在观看网络视频发现心仪产品时，用户可以通过视链、Video in、摇一摇等方式迅速了解商品信息并进一步产生购买行为。现在很多电商网站还自带分享功能，可以在 Action 之后迅速 Share（分享）给好友。过去，用户在视频中看到心仪物品后默默记在心里，等到第二天见面才与好友分享，再苦苦寻找同款产品的体验已经结束了。如今，用户可以一边欣赏剧情一边购买心仪的产品，购买完成后，顺便把产品信息即时分享给好友。

另外，新技术环境下的视频植入式广告可以有效增加用户的冲动购买，比如一位女性用户看到剧中女主角穿的裙子很漂亮，在以前可能苦于不能立刻购买，而后逐渐放弃购买欲望。但是在视链技术下，心仪的产品唾手可得，购物体验顺畅无阻，相信很多用户会因为难以控制自己而下单购买。

2.2.3 微电影广告

微电影广告是为了宣传某个特定品牌或产品，有意编排一定的故事情节，采用电影拍摄手法的一种广告表现形式，时长一般在 5 ~ 30 分钟不等。微电

---

① “AISAS”法则由国际 4A 广告公司日本电通广告在 2005 年针对互联网与无线应用时代消费者生活形态所提出的消费者行为分析模型。

影广告具有很强的故事性和代入感，能够更深刻地展现品牌形象、产品理念。微电影广告可以实现内容即广告、广告即内容的完美结合。拥有“极高的隐蔽性”是微电影广告相比于其他广告的显著优势，因此用户在观看过程中不易对所宣传的品牌或产品产生反感情绪。微电影广告本质与植入式广告类似，多数情况下也会存在产品的露出，但两者的区别在于，植入式广告是依据既有的节目内容，后期加入的元素，整体剧情不会因为有产品的植入而发生改变，且对于商业大片或热播剧而言，植入的产品数量繁多、种类各异。微电影广告是为某品牌或产品有意打造的“形式像电影的高级广告”，通常是采用创意、柔和的表现手法，没有视频贴片广告宣传的生硬感，潜移默化地让用户感受到品牌或产品的理念内涵。

凭借优质的内容和形式，一些微电影广告往往能起到病毒式传播效果，在互联网环境下，引发公众自发地进行宣传推广。另外，以系列内容制作微电影广告也是目前较为流行的营销方式，用户在观看第一个视频广告产生兴趣后，会持续期待之后的系列内容。例如，新百伦品牌在推出其新款跑鞋三原色之际，在各大社交媒体上投放出《看华生逆袭夏洛克》《我的前任是极品》等系列微电影，影片时长 8 ~9 分钟不等，以轻松浪漫的现代基调，演绎了一段幽默感人的爱情故事；立顿推出以“立顿一下，再出发”为主题拍摄的系列微电影。在城市的一角，有一间静谧雅致的英式茶馆。彭于晏饰演的店长，在浓郁的茶香中，与不同的客人相遇，也邂逅了三段不同的故事。体会到了在面对失恋的泥潭、梦想的背离以及爱情的迷茫时，不妨“立顿一下，再出发”的人生感悟。这些视频一经播出，便受到了众多网友的喜爱，纷纷转发，参与话题讨论，短时间内引发了一定的热议浪潮。

总体而言，这些微电影的剧情并不复杂，也并未刻意营造概念的隐晦，更多是以唯美感人为内容基调。立顿微电影的成功之处也正在于，整部微电影都笼罩在唯美的氛围中。主演彭于晏为人气偶像，单凭其阳光帅气的形象就能俘获无数女观众的心。再加上清新阳光的新生代女演员孟耿如、唯美的拍摄画面、奶茶冲泡时诱人的画面以及充满正能量的人生感悟，无不让人在观看之后心情愉悦，产生对生活的热爱。

不同于传统广告形式带给受众的回避情节，很多网络视频广告，因为创意的独特性和制作的精良度，一跃成为人们茶余饭后的谈资，从企业的宣传手段，摇身一变成为可供人们消遣的娱乐符号，从而引发受众自发地、高频次地传播推广，带来裂变式的传播效果。

2.3 网络视频广告的特点

在中国互联网的发展初期，由于带宽能力的不足，互联网平台上的广告形式多以文字和低质量的图片为主导。随着互联网技术的不断发展成熟，网民比例的不断增高，市场上逐渐出现以图片、文字、声音、影像等多种媒体元素组合而成的富媒体形式，网络视频广告应运而生。

随着移动互联时代的到来，电视和电视制作机构的媒体功能和媒体话语权正在走向没落。在社会舆论的影响方面也逐渐让位于新兴的网络媒体形式。广电总局发展研究中心发布的《中国视听新媒体发展报告（2013）》显示，新媒体正在与传统广电媒体分抢市场的“大蛋糕”，新媒体的出现给传统广电媒体带来了巨大的用户流失，从 2007 年到 2012 年，中国网络视频广告市场规模增幅有 3 年超过 120%，远超同期电视广告收入增幅，且主要受众人群为 40 岁以下人群。直白地讲，在如今的多屏时代里，受众的注意力极其分散。由“多人对单屏”演变为“多屏对单人”，过去全家其乐融融地挤在电视机前共同观看节目的日子将逐渐减少。很多家庭的电视即便是开机状态，观看者可能也只是个别成员。甚至对于年轻家庭来说，看电视只是作为上一代人传递下来的习惯。可以想象，当未来“90 后”“00 后”群体组建家庭时，电视依然会被购买，只不过它已经失去了原有的电视属性，只是作为一个可连接网络的超大号电脑屏幕被放置在客厅的中心。

2.3.1 良好的交互式体验

作为网络广告之一的网络视频广告，继承了网络广告互动传播的特性，具有网络媒体的互动属性，可以实现传受双方的互动传播。传播模式上，广播、电视、报刊等传统媒体是将商品信息直接送达给受众，用户处于被动接受的单向传播。互联网的出现改变了这种被动状态，逐渐趋于互动模式，即用户可以主动地选择需要的信息进行接收，自主决定看哪些内容，不看哪些内容，以多种方式参与到内容的互动过程中。

相比于传统电视广告，网络视频广告的题材更新颖、形式更丰富、冲击力更强，可以给用户带来丰富的感官刺激和良好的交互体验，有效减少了传统广告可能引起的用户反感情绪。通过先进的多媒体技术，融合图文、视频、Flash（动画）、二维码等多种表现形式于一体，有助于广告主更全面地展示自身品牌优势。互联网技术的交互性，也使得网络视频广告可以带来双向的互动体验。根据《2014 年网络广告受众分析报告》的数据表明，基于国家对电视媒体和纸媒的有力监管，网民对电视广告的信任程度居首位，其次分别是报纸和网络广告。但网络广告的关注率达 68.8%，略高于 68.7% 的电视广告，并且由于电视广告形式和内容的限制，受众对电视广告的排斥率几乎是网络广告排斥率的 4 倍。

网络视频媒介的互动传播使传播者与受众之间的直接连通成为可能，传播者与受众的边界已不再泾渭分明，两者之间的沟通方式，也已经不再是简单的反馈和交流，这一转变使得整个传播结构与效果发生了巨大改变，具有传统广告媒体无法比拟的传播优势。

2.3.2 广阔的传播范围

传统广告的传播范围常受限于某个局部地区，而网络视频广告可以说打破了区域的限制。广告主的信息一经发出后，全世界的网络广告受众就可以通过链接直接观看到，实现了跨国界、跨文化、跨市场的传播。

美国哈佛大学心理学教授米尔格兰姆在1967年提出“六度分隔（Six Degrees of Separation）”理论，即“个人只需要通过最多六个人的联系就可以认识一个陌生人”。根据“六度分隔”理论，我们每个人都拥有可无限延展的人际关系网络，这个关系网可以发挥异常强大的作用。如今借助互联网技术，信息传递的范围更广、速度更快。Facebook（脸书）在2011年的一次研究中发现，在互联网背景下，人与人之间的联系相比于从前更加紧密，互不认识的人可以仅靠4个人就能产生联系，这个世界正在变得越来越“小”。从某种程度上，也实现了网络视频广告信息传递的广泛性。

网络视频广告信息含量丰富，可以将文字、图片、声音、影像等多种要素一同传递出去，具有多媒体兼容功能。利用人们的听觉和视觉感官，给人身临其境的体验展示，有利于将自身产品信息全方位地展示给用户。而且网络视频广告传播的时空极为广泛，从时间来说，投放具有实时性。其播放时间也可自主设定，从十几秒到几十分钟，均可以根据不同的渠道性质，自由调整视频长短。从空间来看，无论是30秒到1分钟的电视广告，还是报刊上的整幅版面，抑或是路边广告牌上的展示信息，都很难全方位地展示出全部的广告内容。网络视频广告依托互联网技术平台，不仅不受时间、空间的限制，形成广泛的传播范围。还摆脱了原先有限的内容展示空间，通过链接跳转到相关网页，可以为用户提供全方位的商品信息和服务内容。

2.3.3 较低的制作投放成本

网络视频广告以数字信息化的方式呈现，其特点就是制作难度和成本都比较小。相比电视广告单位时间动辄上万的制作成本，网络视频广告的制作成本和投放成本都要明显低于电视广告。电视广告在制作、后期、投放等方面耗时较大，花费也更多，因此网络视频广告在价格上具有更强的竞争力。网络视频广告不像印刷广告媒体一般需要经过排版和发行的过程后，才能面向受众，也无须像电视媒体一样面临较高成本的同时，还要排队等待，到节目播出时才能将信息传递给观众。网络视频广告可以随时制作上传，只要用户在网上，就能实时收到商品和服务的信息。网络视频广告的制作周期较短，通常以互联网为投放渠道，费用相对较低。网络渠道视频广告的更换周期较短，方便制作者取材实时热点，随时进行广告内容的制作调整。

2.3.4　更精准的大数据营销

基于网络技术支撑以及核心用户年龄区间的掌握，网络视频广告可以根据不同的人像特征提供个性化的营销服务。传统的电视广告并不能有效掌握用户特征，只能凭借预测节目的潜在人群、市场调研等手段进行广告的投放。比如动画片的潜在观众可能是低龄儿童，那么这一时段的广告投放，则更倾向于儿童用品的宣传；美食频道的潜在观众可能是家庭主妇，则这一时段的广告投放更倾向于女性护肤品、厨房用品的信息宣传。但事实上，这种通过节目预设用户人群的方法并不够精准。

在投放前期，广告主可以通过大数据分析，锁定某类节目的观看人群，选定自己品牌的目标受众进行广告投递。经过对用户大数据的追踪，打造DMP（数据管理平台）的系列标签化产品。将用户的海量数据组成高智能的分析源，对用户进行标签化筛选及过滤匹配，为广告定向投放提供底层的数据接口及应用匹配，实现在营销精准度上的实质性提高，给广告主更有效的投放策略指引。比如青春校园类题材，可能会吸引学生群体的关注，依据这类人群的特点可以投递潮流服饰、学生用品类的广告，一定程度上实现了分众传播。这不但有效增强了广告的传播力度，同时根据受众需求精准投放，而且提升了广告的投放效率。目前已经有较多品牌对定向追投进行了尝试，并取得不错的投放效果，如联想通过多屏前贴片广告形式，移动端点击量最高提升6倍。雀巢旗下的嘉宝奶粉通过多屏前贴片，移动端点击率提升2倍。

某品牌想要进行视频广告的投递，通常有以下几个步骤。首先需要确定产品的目标人群，分析目标人群的覆盖渠道（比如手游类产品的覆盖人群可能为“85后”和“90后”的白领群体，以及“95后”的大学生群体）。然后广告主通过广告代理分析目标人群最常出现的媒体渠道（比如这类人群可能最常出现在社交媒体、视频网站、游戏类垂直网站等），结合媒体热度研究，建议投放媒体。再通过大数据分析精准定位受众人群，在目标人群出现于目标媒体平台时进行广告内容的曝光，投放完成后通过后期的反馈进一步调整投放策略。

尤其在基于特定兴趣形成的网络社区中，传统媒体环境下难以崭露头角的KOL（关键意见领袖）获得了一种更为清晰、可见性更强的方式来表达自己的观点。而广告主们由此也得以让自己的广告投放更具针对性，找回“被浪费的那一半广告费①”。相比较于盲目投放，表面上用户被打散分装到不同的细分群体中，但是每个广告都因为更贴合社群的精神内核，以更强的参与性来到潜在用户面前。

网络视频广告正凭借打造的多元化、互动营销产品，搭配优质化内容和定制化服务，成为广告主视频营销投放的最佳平台。也正是基于网络视频形式与品牌的默契联手，在实现品牌营销价值的同时，也实现了自身平台价值的最大化。随着科技的不断发展，信息技术的更迭不断加快，网络视频广告的形式也在实时更新换代和演变。随着时间的推移，网络视频广告还将有更多的特性等待挖掘。

2.4 网络视频广告产业链

谈到网络视频行业产业链有几个主体是我们必须要搞清楚的，比如：发

① 广告大师约翰·沃纳梅克曾说过：“我知道我的广告费有一半是浪费的，但我不知道浪费的是哪一半。”这句至理名言堪称广告营销界的“哥德巴赫猜想”。

布广告的主体是谁？广告的媒体有哪些？什么是广告代理？广告代理的作用有哪些？受众在产业链中的作用是什么？

2.4.1 广告主

我们称有广告需求的个体、企业或组织为广告主（Advertiser），它们是各大广告信息传播的起源，手持着大把的资金寻找最贴合的目标消费者，希望自家的品牌能获得受众的关注。广告主的广告投放以有效提升销量为直接目的，但随着消费者消费观念的日趋理性化，广告主们也逐渐把提升品牌形象、提升好感度作为广告投放的重要目标。由于网络视频载体的特殊性，因此其广告主的目标人群以青年、中年为主，品牌和产品具有年轻、时尚、高科技的特性。我们看到优酷网 2014 年上半年度的品牌投放前五位分别是宝洁、联合利华、中国移动、欧莱雅集团、伊利，均以日常时尚快消品为主。

在选择网络视频平台合作的时候，广告主主要倾向于从以下几个角度进行评估。

（1）覆盖力

从广告投放角度，不论投放什么广告，在哪里投放广告，覆盖率是效果评估最基本的考量指标。覆盖率是广告投放的基础，没有覆盖率就谈不上效果的提升。对于任何品牌，广告投放的最基本目的，就是满足品牌信息能够覆盖最大的有效人群。其中，月度用户覆盖数是最为关注的指标，因为它能够反映相对稳定的覆盖用户数量，可以满足视频广告在用户覆盖与曝光量上有稳定的达成结果。

（2）内容力

不管技术层面的任何革新创举，“内容为王”依然是时代的主旋律。特别对于强媒体属性的视频网站，同渠道竞争，内容更是吸引用户的核心因素。随着视频行业逐步走向成熟，各大视频网站开始投入巨资，发力独播和自制战略。内容质量则是广告主进行视频投放的关键参考。碎片化时代，内容营销成为品牌反碎片化传播的重要手段，优质内容能够显著提升品牌营销效果。优质的视频内容会帮助品牌与节目受众建立深度、持久的情感共鸣。

（3）运营力

内容和运营，是视频网站竞争力最重要的组成部分。信息泛滥的环境下，酒香也怕巷子深，优质的内容同样需要强大的运营。是否有能力为用户创造丰富的内容体验，是否能够把握强大的互联网入口，是否能与用户多平台深入互动，真正地“玩”起来，极大考验视频网站的运营能力。

（4）平台影响力

任何指标，归根结底都要汇总到视频网站本身的平台影响力。对于广告主而言，选择最佳的合作平台是重中之重，大品牌广告主也会更加青睐与自己调性相符的平台。顶尖的视频网站，本身所彰显的平台品牌价值，也更容易与领先的广告主实现价值共振。加多宝集团品牌管理部副总经理王月贵说：“加多宝作为中国罐装饮料市场的第一品牌，在选择媒体合作伙伴时，一定要是顶级平台、顶级内容的结合。加多宝一以贯之的就是‘大品牌、大平台’的营销战略。”

2.4.2 网络视频媒体平台

媒体（Media）就是为网络视频广告提供展示平台的载体。按照所用网络的不同，可以把网络视频广告媒体分为互联网派系、广电派系和电信派系。按照经营平台的分别，可以把网络视频广告媒体细分为视频分享、P2P 流媒体、视频搜索、下载、播放器等类型。

从视频广告媒体运营平台层面来看，各派系的视频广告媒体都有自己的核心竞争优势。对于网络视频媒体，最大的媒体特性在于对广告受众的开放性高，广告主可以通过用户的性别、年龄、常住地、爱好等信息进行精准投放。因此具有良好的受众基础和极高的活跃度。同时他们的媒体属性又导致节目内容质量参差不齐，对于效果预期无法保证。它们的创意负载值较高，可以通过创意策划、流行模仿等手段为广告主提供创意。不同派系之间的优劣势以及对广告不同的承载能力，导致了激烈的竞争关系，也促使网络视频广告呈现多元化、综合化的发展方式。

2.4.3 广告代理

广告代理（Agency）是连接广告主和媒体的桥梁，帮助广告主寻找适合的媒体平台投放广告，帮助媒体寻找需要广告服务的广告主，是两者协作的中介机构。其中广告代理内部结构较为复杂，包括广告网络（Ad Network）、广告交易平台（Ad Exchange）、需求方平台（DSP）、数据管理平台（DMP）、供应方平台（SSP）。

（1）广告网络

互联网上用户非线性的信息接收习惯以及信息的碎片化，使得广告主想“独霸”用户的注意力变得越来越困难。与传统视频广告媒体传播的不同，广告主要想覆盖到足够多的目标受众，必须要将投放范围尽可能地扩大。这时候问题出现了，由广告主单独与各个网站及手机 APP（手机软件）商议广告投放事宜明显不现实。于是为了避免时间成本的浪费，广告主更倾向与大型网站及 APP 进行投放合作，而忽略了很多优质的中小型网站。既然作为独立的个体不能成功吸引到广告主的注意，各种小网站于是共同集结成广告网络，广告网络以中介的身份连接中小网站和广告主，一方面协调媒体将广告位资源按照用户特征进行分类出售，与广告主进行价格谈判。另一方面通过行为定向、内容定向等技术手段辅助广告主确定目标人群，帮广告主减少了与每个网站谈判的时间成本。广告网络的出现解决了广告主寻找投放媒体的难题，只需将诉求告知广告网络，广告网络会通过自身平台将信息传递给媒体网站，匹配合适的投放渠道。广告主付费之后，广告网络会从中提取一小部分费用作为中介服务费。在广告网络内所做的广告，与在某一个大型网站上直接谈判而签订的广告合同不同，前者更适用于按照展示量（impression）或者点击量（click）来进行收费，即CPM（千人成本）或者CPC（平均点击消耗）的收费方式，而后者在中国，则基本是按照时间（按天数即CPD）来收费的。广告网络不止受到中小媒体的欢迎，一些大型网站也会加入广告网络，将具有销售难度的长尾广告位在广告网络上出售。

广告网络主要有三类，分别为“盲”广告网络（Blind network）、垂直类广告网络（Vertical network）、定向广告网络（Targeted network）。“盲”广告网络就是简单地把各种媒体资源整合在一起，以较高的价格优势打包出售给广告主。它的特点是人群细分不明显，触达范围较广，因此采购价格也相对低廉。垂直类广告网络，即根据广告主的核心诉求，采购相关类目的垂直媒体，比如母婴类用品市场广阔，有较多的广告预算，垂直类广告网络就会收集所有母婴类媒体资源，如摇篮网、宝宝树、妈妈帮等，整合后打包出售给广告主，并从中赚取“中介费”。垂直类广告网络的目标对象更清晰、行业针对性较强。定向广告网络主要通过网页内容定向和消费者行为定向的技术，通过分析网页关键词和投放算法，从而选出与用户行为特征匹配的广告进行投放，甚至还可以通过社交图谱使某些长尾广告位资源获得价值提升。

随着巨头型的广告网络势力越发强大，它作为中介的身份在广告主和媒体之间形成了一道密不透风的墙。广告网络开始操控整个广告市场，将定价权牢牢掌握在自己手中，削弱媒体的话语权，使自己获取更大的利润空间，引来中小网站微词不断。另外，资源的不透明，信息匹配不精准所带来的不良后果随处可见，一些优质的媒体广告位资源，由于无法精准匹配合适的广告主，只得以更低的价格转手到下一个广告网络，于是整个市场充斥着各类中介，但是广告主与媒体资源的匹配却没有因此变得更加顺畅。与此同时，广告主在面对广告网络提供的低流量平台、不精准的目标受众所带来的广告效果并不满意，面对高投入与低回报的窘境，他们也开始质疑“那一半被浪费掉的广告费”去哪儿了。

（2）广告交易平台

面对以上种种问题，广告交易平台应运而生。与广告网络中介身份不同的是，广告交易平台为所有的广告供应媒体提供自己的展示平台，广告位公开在广告交易平台上展示，因此掌握巨大的库存量。以前广告主在媒体选择时可能要与多个广告网络接洽，现在广告交易平台的出现，使得信息更加公开化，甚至一些广告网络为了丰富自己的媒体广告库，也成了广告交易平台的客户。除此之外，广告交易平台的定价机制遵循“市场经济”原则，供求影响价格。如果某个优质广告位受到多个广告主的青睐，广告网络会根据其认为合理的方式进行资源分配，而广告交易平台则采取广告主之间竞价比拼的方式，让市场决定价格，由价格最高者获得广告位资源。广告交易平台的竞价方式主要为实时竞价（Real Time Bidding，RTB）。实时竞价是指利用第三方技术，在海量网站库里对每个用户每次的广告曝光进行付费竞价。通俗来讲就是将每位用户的每次浏览行为以拍卖的形式出售给广告代理机构或广告主。

一般实时竞价广告投放流程为：某用户打开含有实时竞价广告位的网站，先由需求方平台（DSP）通过大数据算法和人群定向技术，分析该用户的Cookie（储存在用户本地终端上的数据），搭配数据管理平台（DMP）深度挖掘数据，从而描绘出该用户的兴趣图谱。接着，该用户的相关信息、网站的广告位信息均通过服务器传递给广告交易平台，广告交易平台将这些信息打包发给参与竞标的代理商或广告主，广告主根据提供的信息分析用户与目标受众的贴合程度，并估算此次展示的成本与转化率，再通过需求方平台将出价和广告内容反馈给广告交易平台，广告交易平台以仲裁者的身份从众多竞价中选出价位最高者给予此次展示机会，并将广告位内容发送至原竞价媒体网站，最终用户看到出价最高者的广告内容。整个分析、竞价、投放的过程是通过程序化自动运作，大约只需0.1秒即可完成。整个竞价过程中，最关键的是需求方平台的出价策略。价格的高低需要取决于访问者与目标受众的匹配程度，这时候就需要借助大数据技术，辅助 DMP 深度挖掘用户行为，这也促使各大广告代理商加大技术创新力度，使其能够更好地促进网络广告市场的资源配置。

实时竞价与传统出售广告位的不同之处在于，它是基于每人次页面访问（PV）进行的实时竞价，从而导致不同的用户访问同一网站，接收到的却是不同类别的广告内容。比如小 A 最近有考雅思的打算，经常上网浏览与雅思相关的信息；小 B 最近想购置一套去海边穿的泳衣，也是泳具电商网站的常客，那么即使两人在同一时间打开相同的网站，小 A 看到的可能是雅思教辅类的广告推送，小 B 可能会看到各式的泳衣、泳具的推送广告。

由此可见，实时竞价模式既可以让广告主们公平竞争，把资源流入利润最大化的地方，反复利用的热门广告位可提升投放效率，又使得长尾广告资源也能投入到资源分配中来，避免资源浪费，提高中小型媒体收益。实时竞价广告投放的关键在于数据的运用，随着互联网进程由 PC 端向多屏时代的加快，未来基于用户的地理位置、物流数据、网络轨迹、交易记录、兴趣爱好等数据将深度融合，共同构建多角度全方位的大数据营销服务体系。

过去，广告网络的赢利方式为价格不透明带来的差价空间，容易引起广告主和媒体双方的不满。而广告交易平台采取价格随市场浮动机制，为价格透明提供保障。广告主对广告投放的可控性增强，可以根据市场情况自主进行价格调整。广告交易平台具有更高的执行效率，广告主的投放意愿一旦产生，可以立即实施。平台上的每个展示位都会提供诸如类别分析、人群特征等相关信息，作为广告主的判断依据。如此一来，广告主们可以根据自己的需要及市场表现情况，随时调整自己的广告位选择，整个过程灵活可控。世界上著名的广告交易平台有 Google 收购 DoubleClick（美国一家网络广告服务商）之后组建的 AdX；还有 Yahoo（雅虎）收购的 Right Media（广告科技公司名称），这也是老牌的广告交易平台。

（3）需求方平台

广告交易平台虽然功能强大，但是界面比较烦琐，而且广告主无法判断广告位投放的人群是否属于品牌的主要目标群体，广告投放的效率变低。对于媒体平台而言，广告交易平台的开放性涌入了大量广告位资源，一时间市场供给大于需求，导致即使是优质资源的广告价格也在下跌。这时候一个帮助广告主玩转广告交易平台的产品产生了，它就是需求方平台。需求方平台的操作界面更加简洁，去掉了广告位展示，直接将广告主对接目标受众。过去广告主看似购买广告位的行为实际上是在购买媒体广告位所覆盖的受众人群，需求方平台直指广告主的投放痛点，通过强大的自动化算法以及用户信息数据的收集，嫁接于广告主和广告交易平台之间。需求方平台上聚集着成千上万广告主的投放需求，并且在数据管理平台的帮助下对用户属性进行分析。区别于传统的人群定向，需求方平台可精准定向至每一位受众个体。通过受众数据的多维度分析（包括上网时长、浏览行为、购买频率等），勾勒对应的受众画像，从目标受众定位到受众洞察，最后根据人群标签进行分类。DSP 利用先进的分析技术向广告主告知每次展示所产生的价值，从而帮助广告主进行投放决策，并且依托强大的数据算法进行媒体广告位竞价。

基于实时竞价模式，需求方平台可以实时对投放反馈进行追踪，优化投放战略。如果效果达到预期，则在下次竞价时提升出价，反之则降低出价或直接停止对该用户进行投放竞价，从而确保广告主的媒体投放效益最大化。需求方平台作为广告主和代理商的买方平台，是集合投放策略制定、媒体广告位购买、广告投放优化和分析反馈为一体的综合性服务平台。它负责对接来自广告网络、广告交易平台、供应方平台等多平台的广告流量，具有广阔的资源覆盖能力，较强的资源整合能力，能全方位地满足广告主的多元化需求。比较知名的需求方平台公司有被谷歌收购的 InviteMedia、发展迅猛的 The Trade Desk 以及在海外程序化购买领域广负盛名的 MediaMath 等。

（4）数据管理平台

需求方平台是个技术活，需要掌握海量的用户数据，并且将其细分到不同的广告主类别。但是有些需求方平台数据处理的专业性并不强，于是数据管理平台出现了。它们拥有大量的用户数据，善于将多渠道的数据分析整理，并且可以将数据做不同程度的细分以满足需求。数据管理平台聚合所有包括第一方①和第三方②的线上数据，以及广告投放过程中产生的交易信息，以便更好地协助需求方平台定向目标受众，辅助其他平台的数据分析工作。数据管理平台通常用 cookie 追踪用户，但可以看到的是，一些需求方平台开始建立自己的数据管理平台来处理数据资源的整合问题，甚至技术相对成熟的数据管理平台还可以帮助企业搭建自己的数据管理平台，保证企业对其核心数据的绝对控制权。处于大数据的安全性考虑，企业级数据管理平台已经开始占领市场。自 2011 年实时竞价模式进入中国以来，以 BAT（百度公司、阿里巴巴集团、腾讯公司三大互联网公司首字母的缩写）为代表的互联网媒体巨头纷纷试水推出自有需求方平台、广告交易平台。同年，谷歌试运营其广告交易平台 Double Click、阿里推出以展示广告为核心的 TANX 平台。2013 年，百度推出流量交易服务 BES（Baidu Exchange Service）、京东推出自家需求方平台——JD（京东）商务舱、腾讯推出广告实时交易平台——Tencent（腾讯）AdExchange。无论是大型广告主还是知名媒体平台，都不会将自身的核心数据交给第三方需求方平台随意使用。因此面对无法获取的核心数据，如果独立第三方需求方平台不考虑转型，其生存空间将不断面临被挤压的风险。

现阶段国家对数据收集还没有明确的法律界定，面对不成熟的市场机制，数据管理平台在数据收集、分析、交易的过程中可能会存在一定的法律风险。同时，业内对于数据管理平台的数据维度也尚未形成权威性的标准，因此容

① 广告主内部数据。

② 通过接入第三方数据管理平台获得的数据。

易导致无效数据在交易过程中产生。

（5）供应方平台

供应方平台是面向媒体的供应方管理平台，帮助媒介主进行投放需求管理、广告位资源定价、流量分发管理等，以便更好地利用自身资源达到盈收最大化。但中国事实上几乎没有真正意义上的供应方平台，各家媒体实际上绕过了供应方平台跟广告交易平台直接连接。

由于大部分广告网络直接运营了很多流量，他们更愿意以独占的方式运营，而不愿意开放接入供应方平台或广告交易平台。因此，这就导致产业网络中出现了一个"混血儿"——DSPAN（"DSP + Ad Network"的模式），即广告主需求代理平台直接可以通过广告网络进行流量采购。在实时竞价广告模式自身的产业链尚未完善前，广告网络在初期可以为需求方平台提供较大的流量，需求方平台与广告网络的业务可以相互渗透支持。

2.4.4 用户（User）

广告受众位于网络视频广告生态关系链的末端，是广告内容的直接消费者，广告主的一切投放行为，都是为了取悦用户。因此，关注他们在整个广告生态关系中的反馈尤为关键。以往广告主与广告受众的关系是单向传播，广告主在广告活动中居于主体地位。而今，广告受众借由网络媒体平台可以自由参与广告活动，反客为主对广告的创意策划做意见反馈，逐渐成为广告活动的主体。广告主与受众关系的逆转，一定程度上体现了网络视频媒体时代广告信息传播的双向性。

借由技术革命的进步，网络视频广告在概念上、形式上、内容上均有所创新，受众也由封闭、被动走向开放、主动，很多用户都表示并不排斥视频广告。而且，网络环境下成长起来的受众具有注重分享的典型特征，会通过各种网络即时通信工具分享他们的喜怒哀乐，优质的广告内容，也会促使更多的用户主动分享给身边的人。

视频网站在自己购买版权或自制的节目中投放广告，通过免费的优质内容吸引受众的注意力，用户在观看精彩节目的过程中已不自觉地成为了网络视频广告的消费者。由于用户对于视频的持续关注，一些广告主还会根据节目性质量身定制广告内容，比如美特斯邦威冠名赞助《奇葩说》，主要看中节目的受众人群主要以追逐潮流又渴望个性的年轻人为主，恰好显示了美特斯邦威服饰人群的清晰定位。嘉宾和选手身着美特斯邦威品牌的服饰进行节目录制，用户在观看节目的过程中，不自觉中也将特立独行的节目风格与美特斯邦威的品牌特性进行联想，从而建立一定的品牌认知。同时，美特斯邦威还基于《奇葩说》与众不同的节目风格，创作出“潮葩”系列服饰以吸引节目粉丝，并利用节目知名辩手资源，在美特斯邦威门店开展线下粉丝见面会，让品牌服饰与目标受众产生了良好的联动效果。视频网站通过收集用户的注意力，将其二次售卖给各大广告主，在用户消费广告的过程中获得广告收益，维持版权的购买以及网站自身的经营。

3 网络剧的赢利模式探索

3.1 网络剧综述

现在越来越多的年轻人已经不打开电视机了，里面的内容更多的是以婆媳矛盾、抗战谍战为主题，而这些内容，距离年轻人的生活太远，也不是他们的兴趣所及。面对这块亟待开发的巨大市场，从2009年开始，优酷、爱奇艺等一些巨头型视频网站开始尝试自己制作影视剧。这些自制剧的题材取自时下的热点潮流，对准的是年轻用户的口味和诉求。

3.1.1 网络剧定义

网络剧，是随着互联网发展环境发展而来的，顾名思义就是在网络环境下，利用媒介工具进行播放展示的连续剧。网络视频与电视一样，具有高度兼容性，“是集视觉、听觉手段于一体，通过影像、画面、声音、字幕以及特技等多方面地传输信息，给受众以强烈的现场感、目击感和冲击力”。表现形式上，网络剧与传统电视剧最主要的区别首先在于播放媒介的不同，传统电视剧的输出介质主要以电视为主，而网络剧主要以电脑、手机等可联网的智能终端为传播媒介。内容上，网络剧并不是简单地平移电视剧中的内容，而是代表着传统内容题材和受众观看意愿的改变。技术上，由于线上的海量存储空间以及随时随需的即点即播技术，改变了传统电视节目传播的线性传播特性与单频道的图像流量限制，将当代图像传播改进为一个互动的海量图像资源库。随着生活水平的提升，人们对娱乐消费的需求也在提高。网络剧的主要受众为年轻观众，他们已经不再满足于不加筛选地接受所有内容。如今年轻人快节奏的生活状态，也让其越来越难以忍受坐在电视机前长时间被动地等待着传统电视剧内容和数量有限度的产出。

狭义的网络剧以互联网为唯一传播渠道的连续剧，不能进入传统电视端的主要原因在于，其内容题材、表现形式难以通过广电总局严格的审查制度。随着数字技术的不断发展，越来越多的网络剧出现了与电视台同播的现象，延伸出了广义的网络剧概念，虽然拓展了电视媒介作为播放渠道之一，但不同于传统电视剧题材，网络剧的主要受众仍以年轻观众为主，内容题材相比于传统电视剧新颖有创意，并且紧贴时下流行热点，迎合伴随着网络技术成长而来的人群偏好。

3.1.2 网络剧的催生背景

（1）用户观看习惯的改变

据《2015 年中国网络视听发展研究报告》研究显示，电视剧作为人们日常休闲的主要项目之一，有 36.6% 的受访者会选择在网上观看，有超过七成的网友认为“收看时间自由可选，能观看多集且不受限制”是吸引他们网上追剧的首要原因。传统电视具有无法暂停、不易保存、广告多、播放时长受限等缺陷，因此“可以随时暂停”“广告相对较少”也是吸引观众网络观看的重要原因。

面对这种情况，很多影视剧生产者为了触达更多的观看人群，会将版权分销给视频网站。开始时为了保证电视端口的收视流量，网剧的更新时间要慢于电视台，但是随着网络视频影响力的增强，占据着广大受众的注意力，视频网站已经不再跟播电视，甚至开始与电视台同步播出，分流用户。

（2）高额版权成本

视频网站成立之初，内容来源主要依赖网友自发上传，版权意识尚未成型，市场竞争也处于混乱状态。随着政策的不断规范完善，以及版权市场在发展过程中的不断调整。各大视频网站为了在市场中占领高地，不断加大力度争抢独家版权购买，导致版权价格水涨船高，一度被哄抬上涨，泡沫化现象严重。一些热门影视剧，网络版权价格从之前的1万元/集，飙涨到100万元/集，甚至更高。2006年，长达81集的《武林外传》网络版权只卖出10万元；而到了2011年，搜狐视频购买《新还珠格格》的版权费就高达300万元。版权费用惊人的增幅，使得各大视频网站纷纷想办法探索出属于自己的“独立之路”。

自2011年开始，传统电视剧的网络版权费用一路飞涨，各大视频网站如果只是作为内容展示平台，所享有的只是贴片广告的收益。如果转而探索视频自制模式，除了日常的贴片收入外，还可以通过植入式广告、广告主冠名甚至版权分发等方式，拓宽视频网站的利润链。

由于传统电视媒体在内容制作和购买上长期居于垄断地位，面对高额的版权购买成本，视频网站如果要和电视媒体竞争，就需要用自主创新的内容来提升自身竞争力，把原来高成本的购买预算投入自制剧的制作中来。

一直以来，视频网站都是以播放平台的身份出现，在日益激烈的同质化竞争中，用户的忠诚度被撕扯得所剩无几。网络自制剧是他们实现差异化竞争的核心武器，有助于树立自有品牌内容的战略部署。

（3）政策限制

2015年4月，被业内称为“限外令”的《国家新闻出版广电总局关于进一步落实网上境外影视剧管理有关规定的通知》（以下简称《通知》）正式实施。按照《通知》规定，视频网站播出引进剧必须遵守“数量限制、内容要求、先审后播、统一登记”四项原则。新上线的境外影视剧必须拿到“整季的全片”并配好字幕送审，审核通过后，取得引进许可证号后才能上线播出。

由此，境外影视剧告别“无证播放”年代，视频网站同步更新、网络用户边播边看的模式也受到巨大冲击。

作为网络剧热门对象的韩剧，在此次变革下受到诸多影响。随着中韩两国上线时间不再同步，韩剧的版权费用与之前相比有所下降，所以韩剧在视频网站中占比明显缩水。不过，反过来想，这却为国内自制剧赢得了更大的发展空间，他们可以利用“限外令”的窗口期占据更多的市场份额。如今的趋势是，用户才不在意政策的任何风吹草动，他们的宗旨是精彩的节目在哪个平台，他们相应就活跃于哪个平台。一系列严格的政策管制，也在一定程度上促进了视频网站积极探索自主研发道路，在影视市场占领主动权。

此外，国家政策方面对盗版视频的严厉打击，使得视频网站不得不高价购买正版版权，而随着版权价格的不断攀升，网站经营成本也随之上涨。因此，网络自制剧成了视频网站转型和发展的重要战略部署。为了平台长久化运营，视频网站也逐渐从单一内容提供平台向内容制造商转变。2010 年，国内几大视频网站开始自制内容的探索，随着 2013 年 Netflix（一家在线影片租赁提供商）自制剧《纸牌屋》的一举成功，让国内视频网站看到了依托大数据技术和用户喜好营销的成功案例，纷纷加大了自制内容的投入，以摆脱对寄生业务的依赖。

3.2 网络剧概述

3.2.1 人群特点

根据易观智库发布的《2015 中国网络视频市场及用户研究报告》显示，30 岁以下的移动视频用户占比 72.5%，初中和高中学历用户占比 64.5%，职业多数以学生、工人、服务业人员、个体户为主。网路视频用户呈现年轻化特征，这个群体消费需求旺盛，勇于尝试新鲜事物。在过去传统影视剧习惯性说教的灌输下，受众一直处于比较被动的状态。更具年轻化的网络剧群体不喜欢被动接受，反对说教式的内容，更喜欢发挥自身的积极性参与互动社交，沉浸在社群的娱乐氛围里做个性化的发展。

作为网络视频内容之一的网络剧，其目标受众正是年轻人。年轻人熟悉无厘头和流行文化元素，对热门的娱乐八卦话题有浓厚兴趣。“80 后”“90 后”人群正处于人生奋斗的艰苦时期，拥有着事业和社会的双重压力，空闲之余就急迫寻找情感的抒发窗口，逃避到大众传媒的娱乐狂欢之中。因此，与注重宏观性和冲突性的传统影视剧相比，网络自制剧能做到短小精悍，并且与时下流行元素紧密结合。通过吐槽、无厘头式的表现形式，增加内容的娱乐属性，满足用户压力释放的需求。

在过去单向传播的视角中，受众仅仅是作为信息接受者，不加选择地接受大众传媒提供的一切信息。但随着信息技术的不断发展创新，新媒体时代，受众有了更多的主动性和能动性，他们开始主动进行内容的选择、接触和理解。

3.2.2　网络剧分类

随着网络剧市场的发展成熟，加上受众人群的细分化，网络剧类型也呈现出多样化的发展态势。目前，中国网络自制剧的题材类型丰富多样，其中以喜剧、职场剧、悬疑惊悚剧和穿越剧为主。

（1）喜剧类

喜剧以情景喜剧和轻喜剧为表现起点。情景喜剧一般是指叙事性的系列喜剧，拥有固定的演员团队，长度为 20 ~ 40 分钟不等。情景喜剧依照幽默夸张的表现手法和简洁幽默的故事情节，围绕单一或多条故事主线，在固定场景中进行演绎。

我国的情景喜剧在吸收西方表现形式的基础上，加入本土化的元素进行改造，从而塑造符合国人价值观念和审美需求的作品。

不同于情景喜剧，轻喜剧表现手法以夸张和荒诞为主要特色，个性鲜明，剧情整体衔接性不足。主人公本性善良，行为乖张又伴有幽默气质。同时轻喜剧的冲突解决较为迅速，通常伴随某个让观众意想不到的结局作为结束。轻喜剧通常伴有极为荒诞的剧情内容，部分会出现反映社会现状的讽刺性、批判性内容。以《屌丝男士》为例，这是一部笑话集式的作品，巧妙地抓住生活中每一处值得展示的机会点，用荒诞恶搞的手法对其演绎加工，将每个人“屌丝”的一面展示出来以达到娱乐大众的目的。《万万没想到》的剧情具有很强的跳跃性，剧集之间并无关联度，受众可以根据需要随意观看，构成轻松愉悦的观影氛围。另外，该剧还添加了盛行的恶搞元素，无论是人物形象、台词风格还是道具配备都尽显网络恶搞文化，很容易将相同类型的受众转化为核心粉丝并进一步产生对他人的影响力。

从《屌丝男士》里的大鹏到《万万没想到》里的王大锤，此类轻喜剧题材正是迎合如今网络视频主力军——年轻受众的口味。热门八卦、无厘头的颠覆式剧情、夸张的中式英语以及“槽点”满满的台词等各类诙谐无厘头式的表现手法，都是年轻群体所熟悉的沟通路径。只有生活在共通意义空间的群体，才能对网络剧个性前卫的指向性引发深刻的共鸣。随着网络社会的发展，自由民主的观念越来越被受众所接受，个人的价值开始受到广泛关注，在这样的沟通环境下，每个人都渴望成为独立的个体，渴望得到他人的认可。通过“屌丝”对主流话语权的蔑视来消解正统，反对崇高。这种明显带有戏谑标签的网络剧正是对这种诉求的达成，它代表着传统文化的解构，对传统观念的挑战，全新的颠覆式价值观正在年轻观众之间迅速普及。

（2）职场类

职场类型的网络剧表现为以现代职场情景为背景，反映人物角色的职场生活。由于网络剧的受众有不少是离开校园初入职场的菜鸟新人，很多新人在从“学生”到“职场人”的过渡中存在着诸多困惑和难题，希望从影视作品中得到一些启发和鼓励，因此职场励志类题材成了网络剧创作者的热门题材。经过电视剧时期的摸索，现代职场剧已经形成了几个相对成熟的模式体系。其中最为常见的，就是以职场为背景，讲述刚入行的职场新人如何通过自己的努力以及外界的帮助一步步成长为优秀职场人的故事。故事的核心主线是不同角色的成长历程，其间也穿插了大量的职场技能、办公室潜规则、职场突发状况，甚至在北上广一线城市生活的压力等各类相关元素，使受众在欣赏作品的过程中，也能收获助力升职加薪的职场技能。

考虑到主要受众人群的生活特性，2012 年 5 月上线的网剧《杜拉拉升职记》经过了话剧、电视剧、电影不同形态的改编后，网剧版率先推出了“网络午餐档”和“职场下午茶”概念。将首发和更新时间定在了中午 12 点和下午 4 点半，并且每集时长都控制在 12 分钟左右，可以说这是专门为职场白领量身打造的定制剧，旨在让职场人抓住午休和下午茶的间隙，见缝插针地享受短暂的休闲时光。区别于电视剧和电影版“除了恋爱主线对职场人毫无借鉴意义”的一贯诟病，网络版的《杜拉拉升职记》最为贴近原著主旨，展现出浓厚的办公室文化和职场特性。每两集便会涉及一个职场话题，并且每次剧集结束时，观众都会看到“杜拉拉职场宝典”贴士，针对不同类型的职场问题对症下药，提出“杜拉拉式”的解决方案。网剧版《杜拉拉升职记》作为送给职场人的“减压神器”，以轻松幽默的表现手法，讲述格子间里发生的各类事件，附赠状况对应的解决 Tips（技巧），因此也创下了较高的收视率和用户口碑。网络剧中的主角一路披荆斩棘的励志故事，给职场人提供心灵慰藉的同时，也提供了年轻人争相学习的榜样力量。以《杜拉拉升职记》为代表的大量职场题材作品的走红，反映出了现代都市以白领为主力的新兴中产阶层的兴起，“跻身中产”是写字楼里朝九晚五的白领们的奋斗目标。从开始的一无所有，到凭借个人的天赋与努力最终实现自我，这是职场人眼中充满自由和尊严的生活。

（3）悬疑惊悚类

悬疑惊悚类网络剧通常以案件侦破或户外探险为背景，剧情充满戏剧冲突，悬念设定较为复杂，引导观众与角色一起层层深入解开疑团。由于我国较为严格的审查机制，此类剧种难以出现过于血腥、暴力的镜头，因此在表现的过程中多注重对事件氛围的描述和人物心理的刻画，依靠更为高级的故事情节和表现手法来营造恐怖气氛，表现人性与客观世界的错综复杂。有别于喜剧、言情、职场等常规题材，悬疑惊悚类作品善于制造悬念，再加上动感的音效冲击，产生较强的视觉冲击力。环环相扣的离奇剧情、紧张刺激的特定场景、险象环生的人物发展，再加上真实的视听效果，能在很大程度上满足观众对刺激娱乐的要求。

传统的电视剧市场中，受到监管制度的严格限制，喜剧、军事、言情、家庭类的题材作品较为丰富，相对而言悬疑惊悚类作品在监管制度的夹击下，一直处于较为封闭的成长环境，因而热度较低。但落地网络市场后，面对较少限制的网络环境，悬疑惊悚类题材得以收获自由的成长空间。由于网络受众的年轻化特质，再加上此类题材本身紧张刺激的情节也很容易吸引观众的注意，产生较强的用户黏性，因此很多悬疑惊悚类网络剧一经放出便受到追捧。

爱奇艺自制的悬疑灵异题材网络剧《灵魂摆渡》一经推出就广受好评，上线 3 天播放量突破 4000 万次，两周后更是取得了 3 亿次播放量的好成绩。一时间将同档期的众多网剧甩在身后，并在国内掀起了一阵惊悚悬疑网剧的热潮。

该剧热播的原因主要有以下几点。首先是欲罢不能的精彩剧情，《灵魂摆渡》突破性地将灵异事件与日常生活相结合，给观众强烈的代入感冲击。看似是离奇故事的演绎，最后的落脚点主要归结于人性的讨论上，在触动受众内心的同时引发思考。其次在于剧集的创新性和制作的精良感，《灵魂摆渡》是由传奇大剧《打狗棍》主创班底打造而成，从创意构思到拍摄完成历时两年多。并且剧中还融入了很多创新式元素，比如但丁《神曲》中所描述的“七宗罪”被巧妙地植入剧情中，构成贯穿全剧的主要线索。

悬疑惊悚网络剧这类打“擦边球”题材的作品获得了资本的跟风追逐，也已经引起了有关监管部门的关注。2016 年 2 月召开的全国电视剧行业年会上，广电总局网络视听节目管理司司长罗建辉在报告中明确表示：总局将对网络剧审查做出一系列规定，线上线下统一标准，电视台不能播的，网络也不能播。此外，罗建辉还提到，目前网络剧粗制滥造现象明显，跟风严重，重点题材把关能力缺失，存在故意打擦边球、冲击道德底线的题材，因此需要加强网络剧的监管力度。由于网络剧的自审自播模式，为了保证商业利益会存在放宽审查制度的情况，这就导致了部分“不合格”影视产品流入市场。面对官方明确的规范监管信号，涉及的部分悬疑惊悚题材作品可能要提前做好应对准备。未来的网络剧之路，可能要在吸引注意力和遵守法律法规之间做好权衡，需要制作者们付出更多的智慧和努力。

（4）穿越类

穿越题材的独特性在于它将同一个生命个体，放置在不同的时间空间里进行比对，通过古今元素的交织与碰撞迸发出新的火花。通过古代与现代的比较和反差，让观众摆脱时空的束缚，处于一种空间错位感，由此可以产生极强的戏剧效果和情节张力。通过穿越的目的地，可以分为古代穿越和未来穿越。从现代到古代，往往包含了历史、战争、武侠等经典元素。从现代到未来，其间通常含有科幻、科技的成分。看惯了家长里短、社会百态，换一种时空环境，有助于增强观众的新鲜感。可以说，穿越剧的出现，将电视剧艺术带入一个全新的领域。网络剧的分发渠道决定了它需要尽可能多地聚集网络群体流量，于是将一直较为火爆的穿越小说改编成网剧变成了各大平台纷纷效仿的策略。特别是具有强大 IP 吸粉力的穿越小说，有助于直接将小说粉丝转化为网剧粉丝，从而保证较为可观的收视率。如今，网络文学已经成为各大影视机构争抢的优势资源，数据显示，截至 2014 年年底，已经有上百部网络小说的影视版权被承包。无论是《步步惊心》《甄嬛传》还是《花千骨》，越来越多的网络文学被搬上荧幕，并且取得了不错的效果。

3.2.3 网络自制剧的特点

不同的受众群体对内容有着不同需求，能够提供满足目标用户需求的内容是网络剧吸引用户的基本前提。网络剧在语言和结构方面，不同程度地带有了后现代的特征标签，呈现动态狂欢、感性解构的风格。网络剧的出现，为公众营造了情绪宣泄的出口，怀抱着解构的态度，这些网络剧可以轻易吸引受众的注意力，引起思考与共鸣，从而引发广泛的传播分享。通过演员夸张的表现、精心设计的台词来对屌丝心态、美女经济、办公室政治、剩男剩女、房贷车贷等时下热点话题进行解读和加工，破除规则和套路，通篇呈现出随意性和偶然性，用诙谐幽默的姿态对传统价值观发起挑战。从目前的趋势来看，这种对传统电视剧内容的颠覆，恰好迎合了当下新生代受众群的审美需求。

（1）内容革新，迎合年轻观众的口味

网络剧与传统电视剧最显著的不同在于它的题材偏向更趋于迎合年轻观众的口味，而传统电视剧主要分为现实题材电视剧和古代题材电视剧。在现实题材的电视剧中，主旋律剧因为提倡爱国主义和社会主义精神，有利于构建中国特色社会主义和谐社会，体现人民团结幸福的社会生活而获得较高的拍摄热度，包括重大革命历史题材，如《红色摇篮》《长征》；政治题材，如《国家干部》《任长霞》；士兵军旅题材，如《亮剑》《中国兄弟连》；乡村题材，如《希望的田野》；等等。这种强调社会主流意识形态的影视作品是我国最早的电视剧题材，由于意识形态的导向性，也是经典主题素材。

另外一类占比较大的现代题材电视剧是家庭伦理剧，这类题材由于贴近观众的日常生活而受到热捧，但是即使不属于“正剧”范畴，面对广电总局严格的电视审查制度，一些涉及敏感题材的家庭伦理剧也难以出现在观众面前。艺术作品可以高于现实，但一定要取材于现实生活，面对遭遇美化、删减的电视节目，受众内心真正的共鸣难以被唤起。不仅现实主义缺失，目前中国的电视剧制作公司对于题材的选择并非通过用户调研，而是基于收视率的追求，加入很多类似“徒手撕鬼子”“五毛钱特效”等雷人的剧情在其中。

伴随着互联网成长起来的年轻群体，由于视频平台的多选择性，对此类电视剧的容忍度偏低，因此对于传统电视剧逐渐呈现“逃离”状态。年轻观众的出走，导致电视剧中的青春剧和正剧的占比呈现出马太效应式的差异。某卫视的负责人表示：青春题材的电视剧多围绕校园和初入社会的故事线索，情节性不强，内容具有局限性，难以受大部分中老年电视受众的喜爱。某种程度上，电视台对于年轻群体题材的“回避”某种程度上也倒逼年轻群体转向网络自制剧作为娱乐出口。

网络视频的制作者深知其主要受众群体以年轻人为主，在题材的选用上，着重与传统电视题材形成差异化的策略，专注迎合年轻群体审美。利于缓解现代年轻人生活工作压力的幽默搞笑题材，几乎占据了一半的网络剧题材份额，另外占比较大的还有都市生活类、青春校园类、科幻类、惊悚悬疑类、热血励志类等题材。网络剧“轻量级”的作品题材与文化底蕴深厚的传统主旋律题材形成了鲜明的差异化和对比性。无论是 2015 年好评不断的《花千骨》《琅琊榜》，还是 2016 年掀起全民话题的《欢乐颂》都在不断尝试突破传统模式化的表现套路，深刻洞察年轻受众的兴趣点。无论是在剧情里还是在宣传过程中都有意添加了更多话题性、娱乐性元素。比如堪称“年度话题性电视剧”的《琅琊榜》，除了精良的制作凸显“正剧”姿态外，还不忘加入具有现代感和年轻化的玛丽苏、高颜值、卖萌特质，成功引领当下年轻群体的流行热潮。

（2）题材多元化，自带社交话题

基于传统电视台在政策上受到的严格限制，很多视频网站选择在题材和尺度上与电视剧大打“差异牌”。区别于传统固定化的电视剧制作模式，网络剧的制作方式非常灵活，既可以制播分离，也可二者合一。制作者可以是影视公司、视频网站甚至是影视爱好者自发组成的民间团体，轻量化的组织特性，决定了网络剧遭受到的审核压力远低于传统电视剧。

2015 年热播的古装网络剧《太子妃升职记》，讲述了穿越回古代的拥有男人心女儿身的“太子妃”一路“开挂”成功升为太后的故事。上线仅 48 小时，该剧播放量便突破 1000 万次，开播 9 天，累计网络播放量破亿级。

该剧的爆点在于：在传统穿越剧的基础上，增加了性别转换这条主线，在一定程度上制造了该剧的话题性燃点。该剧没有遵循传统古装剧雍荣华美的场景设定，而增加了很多荒诞和混杂的创造元素，比如被网友调侃为“影楼效果”的皇宫布景、太医帽子上出现的香奈儿 LOGO、演员们短裤拖鞋的“清凉”衣着等均成为《太子妃升职记》的热点标签。这种刻意追求的颠覆性效果，配合轻松幽默的表现形式，满足了职场年轻人减压的需要，于是观众们纷纷变身“自来水”①，在社交平台上助力话题的扩散，助推口碑营销。

（3）网络剧的互动性和时效性

过去由电视台播出的剧是已经拍摄制作好的内容，单一方向传递给受众，观众的任何意见都不会对剧情的内容产生任何影响。而目前很多网络剧采取的是边拍边播的形式，制作团队会根据上一集播出后，各渠道收集上来的反馈信息，作为下一步剧情调整的参考依据。可能观众在上一集还在调侃男主角的衣服太难看、某某剧情的设计不合理，下一集就惊讶地发现男主角的穿衣品位瞬间爆棚、剧情又有了新一轮的反转。

比如 2014 年 6 月上线的网络自制剧《超级教师》，其中一集是以“某主线角色遭遇车祸”作为当集结尾。事后有很多观众在社交网站上吐槽：单集时间太短，并且建议应该在当集交待该主线角色是否幸存等问题。制作团队在接收到反馈之后，立即开启互动征集活动，表示只要该微博转发量过千，当天会额外再播放一集，提前告知该角色的后续结果。结果不到一小时，微博转发量就超过 3000 条，于是应网友强烈的呼声，第二天的剧集就提前被播

① 指受众自发形成水军。

放出来。

网络剧借由互联网媒体特性，能根据观众需求，实时对自身内容进行调整，充分满足了在传播中与受众互动的需求。这种将观众从某种程度上变成了制作者的行为，有助于获得用户的好感，牢牢抓住受众的心。不断根据用户喜好进行调整适应，赢得优质口碑，正是网络剧的魅力所在。

好像很多网络剧一经上线就获得了网友们的疯狂追捧，为什么这些网络剧好像“有毒”，让观众“上瘾”呢？其实，笔者认为真正受热捧的关键还是在于内容的优质性。现在，很多网络剧都是基于精准的大数据算法来洞察用户的需求，比如优酷推出的“中国网络视频指数”，作为一款大数据产品，它不止对视频的搜索量、点击量等常规数据进行统计，更是从观众和视频之间的多维度关系来考量。包括用户核心特征，即视频观看人群的性别、年龄、地区、学历工作状况等；用户的播放行为，即用户的视频播放设备、接入网站、存在怎样的互动行为等。除此之外，还有能及时把握用户关注点的视频搜索热度排行榜。通过大数据，视频平台可以更好地了解用户喜好，预测未来的视频方向，根据用户的兴趣偏好实现个性化的内容定制，让用户在不知不觉中间接参与视频内容的编辑制作。

随着互联网科技浪潮的席卷，各媒体呈现出混合式的发展态势。在多屏生态链的影响下，网络剧的播放渠道已经从传统的单屏媒介时代（电视）向多屏（电视、手机、电脑、平板电脑）发展。最早期的网络剧角色还是以电视媒体的补充为主，但随着用户互联网使用习惯的改变，很多网络剧也成了独立的视频展示形式，甚至后期随着 VR（虚拟现实）技术的发展，网络剧借由平台优势，还可能会根据播放媒体的特性对节目内容进行适配调整。

现代网络社会的信息快速更迭造就了很多新兴的网络热词，由于网络剧主要投放渠道为媒体平台，其中以年轻群体居多，对网络流行语有着狂热的追逐喜好，于是网络剧通常会选择一些网络热词加入到演员台词中以获得年轻观众的共鸣和好感。类似“亲”“高富帅”“土豪”“点赞”“么么哒”等网络流行词汇，频繁出现在网络剧的人物对话中。另外由于一些网络剧采用边制边播的制作模式，可以实时将社会热点事件作为亮点元素，添加到剧情中，使其更具时效性，迎合当下年轻人的情感诉求。

网络剧的发展与视频网站的发展紧密相连，2005—2006 年是我国视频网站发展的起步期，很多大型视频网站在此期间萌生。到了 2007 年，全国的视频网站数量已经超过 200 家，竞争相当激烈。在经历过 2008 年的政策管制危机和制作瓶颈后，很多视频网站黯然退场，在接连遭受版权之争、内容管制、赢利困局等事件后，劫后余生的各视频网站开始寻找理性而长远的发展对策来应对动荡的市场环境，大规模的市场兼并战拉开序幕，市场格局面临重新洗牌。直到 2011 年，中国视频网站市场逐步形成以腾讯视频、爱奇艺、优酷、搜狐视频等为主导的群雄争霸态势，面对严峻紧张的市场环境，各视频网站除了大肆引进版权、抢购 IP 外，也开始专注于对自制剧采取高投入、精细化制作战略。

在竞争版权开销越来越大的今天，平台自制剧已经成为提升网站自身造血能力、增强用户黏性的重要手段，是视频网站差异化战争的重要武器。经过一定阶段的经验积累和专业人才培养，一些视频网站已经逐渐具备生产制作网剧的基本能力。既然自身实力初备，视频网站也渴望通过提升自身水平，摆脱对版权购买的完全依赖。对于视频网站而言，高水准的自制剧不仅能帮助其从服务方到制作方的角色转变，获得更大的上升空间，还能帮助其在网络剧以及电视剧各类版权混战中，以差异化的发展姿态在激烈的市场竞争中脱颖而出。

3.3 网络剧产业的商业模式

视频行业是一个投入量很大的行业，成本主要集中在视频流量和版权购买。根据优酷土豆 2015 年度第二季度财报显示，在线视频带宽成本达 3.3 亿元，内容成本 7.4 亿元，分别占比净收入的 21% 和 46%。业内人士表示，随着 CDN 和云服务价格的走低，用户观看一小时的高清影片，网站服务商需要支付的成本为 0.1 元，相比三年前的 0.5 元有所降低，但对于需要维护海量片源和用户的视频网站而言，这仍是一笔不小的成本支出。

目前的大部分赢利来源还是来自海量广告，但同时可以看到的是，几乎每一个视频网站都在往付费业务方向靠拢，以摆脱单一的广告依赖模式。加之国家对版权的保护力度逐渐加强，以及年轻用户新型付费习惯的培养，网络视频的商业模式正由过去严重依赖广告，向多元化的赢利模式转变。网络环境下成长起来的年轻人，反而更愿意为优质的内容和满意的服务付费。另外各类线上支付工具（网银、支付宝、微信支付）的普及，为用户线上付费提供了便捷。

3.3.1 用户付费的会员模式

优质网络剧带来的核心赢利渠道就是会员付费模式，优质的 IP 资源增加了用户与平台之间的黏性。为了更好的观看体验，用户也开始尝试为优质体验买单。不同于视频广告对于观众注意力的二次售卖，VIP 会员制是网络视频平台主动向公众收取一定的费用以提供更好的视频服务。目前，主流视频网站的会员主要分为包月、包季、包年三大类，月费在 15～20 元/月不等，年费区间主要集中在 150～200 元/年，收费标准相对统一。而在会员服务方面，所提供的基本项目有去广告、剧集抢先看、独家会员片库和高清画质等会员特权。

付费会员并非新晋概念，最早期用户付费的鼻祖品牌要属 Netflix，1997 年成立于美国加州，最初从事在线 DVD（数字视频光盘）租赁业务，以便捷的选片体验和免费送达著称。2007 年，Netflix 开始提供流媒体播放服务；2009 年，Netflix 订户达到 1000 万人，可以提供多达 10 万部 DVD 电影。2011 年，Netflix 网络电影销量占据美国用户在线电影总销量的 45%。2015 年年末，Netflix 在全球的付费用户逾 7000 万人，日观看时长达 1.25 亿小时。Netflix 为美国会员提供三种会员等级可供选择：7.99 美元/月，可使用一台终端观看标清流媒体内容；9.99 美元/月，可使用两台终端观看高清流媒体内容；11.99 美元/月，可使用四台终端观看高清及超清流媒体内容。其中 9.99 美元/月的会员标准最受欢迎。

优质内容和服务的提供，成为撬开用户钱包的一个“新入口”。如今热播网络剧通常会配有 VIP 专属剧集，即只有付费的会员用户可以提前观看，帮助付费会员省去了每日等待更新的苦恼。2015 年 12 月 3 日，爱奇艺对外公布，截至 12 月 1 日，爱奇艺 VIP 会员数已正式突破 1000 万人。若以每月 15 元的会员收费标准计算，1000 万人的会员用户将给爱奇艺直接带来 1.5 亿元的月盈收额度。爱奇艺高级副总裁杨向华认为，付费业务需要坚持很多年，第一阶段在 2011 年，那段发展经历了漫长的时间，爱奇艺从 2011 年到 2013 年年底发展了 20 万人的用户数；第二阶段从 2013 年到 2015 年 6 月，那是进了快速成长期，2014 年下半年的时候爱奇艺的会员数突破了 100 万人，2015 年 6 月的时候爱奇艺的会员数突破了 500 万人；第三个阶段是爆发式的增长，主要是靠探索出新的模式，即电视剧的付费模式，届时爱奇艺的会员数将以超乎想象的速度增长。

2015 年现象级网剧《太子妃升职记》，自开播以来就受到各方的广泛关注，创下单日播放量超 2 亿次的纪录，并且以 26 亿次的收官播放量成为 2015 年度网络剧的一匹黑马。《太子妃升职记》带来的会员播放量达 3.99 亿次，用 2000 万元的制作费，换来了 4100 万元的收入。购买 VIP 会员的用户除了可以享受抢先观看结局的福利外，还能欣赏到不同于非会员版的全新结局。对于这种全民热捧的年度大戏而言，会员用户和普通用户的优势分别还是很明显的。另外，除了剧集的抢先观看，VIP 会员还可以在全平台同步追剧，随时随地享受优质剧集带来的观影体验。

用户会员付费的另一个好处就是可以保证用户在视频平台的稳定性。一旦用户在某个平台上充值成为 VIP 用户，只要该平台可以满足用户的浏览需求，那么在下一次用户抉择的时候，出于投资与回报的考量，该平台便有可能增加胜出概率。用户付费模式带来的是整个网络视频产业链的升级，是对优质内容和服务产出的最好回应。

3.3.2 版权分发

除了自产自销，高质量的网络自制剧产品可以通过版权输出获得收益，比如土豆网自制剧《欢迎爱光临》成功实现了互联网历史上第一次网络平台向电视媒体输送内容。同时，网络自制剧也在进行海外版权销售。近年来国产剧的海外版权销售节节攀升，但剧种一直仅限于古装剧和历史剧，从来没有一部国产偶像剧能够走出国门行销亚洲。《欢迎爱光临》成功打破了这一“不可能”，不仅把海外版权卖到了日本、韩国、新加坡等 11 个国家和地区的电视台，还创造了最高单集售价 3 万美元的历史纪录。同时，该剧名称“欢迎爱光临”也被青海卫视的一档相亲节目征用，影响力进一步扩大。

3.3.3 衍生品开发

网络自制剧因为拥有大量的用户做拥趸，其蕴含的商业价值还包括激活用户的衍生品消费力。包括具有实体形态的书籍、玩具、主题公园，以及游戏、音乐等虚拟产品。衍生品的开发也是如今自制剧收益链条中的重要一环。例如优酷曾经推出的系列都市情感剧《泡芙小姐》，其生动有趣的动漫人物形象收获了大批粉丝的喜爱。因此，优酷与深圳萌奇文化展开深度合作，依托泡芙小姐品牌开始了衍生品的多维度开发。比如在淘宝建立泡芙小姐官方旗舰店，出售抱枕、优盘、手机壳、水杯等节目周边产品。

除了实体产品，文化衍生品也如火如荼地进行着。人气影视剧《万万没想到》的编剧叫兽易小星与人气作家有时右逝联手出版了长篇小说《万万没想到：生活才是喜剧》，成为了当年度热销图书。导演叫兽易小星带着主创团队展开高校巡游售书会活动，一时间吸引了大批粉丝的追捧。除此之外，电影版《万万没想到》也于 2015 年上映，被粉丝称为“屌丝喜剧吊打精英文化”的经典之作。相比欧美、日韩的成熟化运作，国内衍生品开发的经济效益和社会影响力都还比较弱，尚处于不断探索的过程中。

3.3.4 多元化的广告植入

过去传统影视剧的植入方法过于生硬，比如会在产品出现时给予镜头特写，或者干脆让男女主角念出产品名称或口号。这种生硬的植入方式，被网友吐槽为“在广告中插播电视剧”。但随着视频网站经验的积累，广告植入技巧也逐渐成熟，因此除了将植入式广告变得更具隐蔽性以外，还加入了为商业广告做剧情定制的部分。让自制剧的剧本以产品的特点、品牌理念为依据，做量身化打造。让广告呈现出与网剧内容更贴合的广告形态，形成广告内容与网络剧剧情的生态和谐。

例如，《万万没想到》是由叫兽易小星出品的迷你喜剧，该剧以幽默而夸张的表现手法描绘了主演王大锤的传奇故事。这部被称为“现象级”的网络剧最大的特色之一是片头的广告赞助环节——“本集由 3D 手游铁血战神赞助播出，像搓街机一样搓你的小手机”“本集由联想手机 S850 赞助播出，还原你百分之二百五的美貌”等一系列喜感十足又毫无违和感的广告语让观众大呼“上瘾”。这种充满调侃意味的一句话广告语不仅简要地表达了产品卖点，还有助于进一步在各大社交平台进行话题传播，形成持续的影响。

对于广大的商务客户而言，商业定制的手法一般会在内容契合的前提下，考虑商品的品牌形象、理念等与自制剧风格理念的匹配程度，再有选择性地植入广告，以便给观众更好的观看体验。相较于传统意义的植入式广告，商务定制更注重宣扬的是一种生活理念和习惯，而非明显的产品植入。可以将产品和服务完美融入剧情之中，潜移默化中对受众产生影响，引导他们认识、了解并追求某种产品。

在都市情感类作品中，通过演员光鲜的服饰打扮、高雅的生活品味，以宣扬对某种生活态度的追求。相比于生硬的植入产品 LOGO 的做法，商务定制更注重向消费者灌输产品属性，以及其所代表的生活方式，希望用户是因为兴趣的驱使主动了解并选择产品。增加了用户对广告的评判功能，由观众自由投票植入的广告有无影响观看体验，并将结果反馈至视频网站，根据用户意见，及时调整广告植入策略。这样不仅有助于广告发展的多样化，避免招致用户的反感，也可以避免广告主低效率的投放效果。

3.4　网络剧产业链

3.4.1　网络剧产业链的构成要素

网络剧视频产业链是指建立在网络视频产业内部分工和供需关系基础上的，以网络剧为核心，形成从生产到最终消费过程中所涉及的上下游关系的产业集合（见图 3－1）。网络剧产业链上主体众多，互相关联的企业为了实现各自目标而结合成战略联盟，而网络视频平台的运营商在这个利益链条中处于核心主体地位。

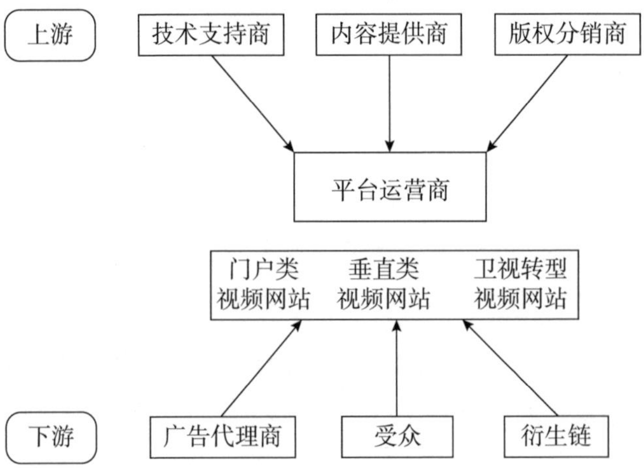

图 3－1　网络视频产业链结构

我国网络视频行业兴起的时间不长，在短短几年间，经历过从动荡到稳定，发展走势逐渐平稳。尽管我国网络视频行业发展还不够成熟，但在适应我国国情与市场走势的基础上，我国网络视频还是摸索出了一条属于自己的独特产业链条。

（1）核心主体：平台运营商

所谓平台运营商，就是指通俗意义上的视频网站，主要有以下三类。

①门户类视频网站

门户类视频网站是提供综合性互联网信息资源的应用服务系统，它将各类应用系统、数据资源集结到一个信息管理平台，并建立统一的释放通道。在我国，以腾讯、新浪、网易、搜狐为代表的四大门户网站利用自身的规模优势与知名度建立了自己的视频通道。虽然网络视频并非这类门户网站的主打业务，但凭借门户母体丰富的信息资源以及广泛的受众覆盖，这类视频网站属于“含着金钥匙出生的富二代”，可以收获强大的流量和影响力。

例如，依靠腾讯系强大的互联网背景，微信、QQ 等兄弟社会化社交平台的合作联动，腾讯网首页、新闻客户端等渠道的合力助推，腾讯视频拥有全方位的“海陆空”运营营销矩阵。在潜在用户群和营销变现上有着得天独厚的资源优势，是普通垂直类网络视频服务机构所难以比拟的。

②垂直类视频网站

垂直类视频网站是一种“原住民”般的存在，是从最早的网络视频分享形式发展至今。由于门户类视频网站的强势加入，视频上传分享功能已经成为视频网站的“标配”。区别于门户类视频网站，垂直类视频网站以视频为主页，更加专注于视频垂直领域的深耕。目前世界上影响力最大、知名度最高的当属美国的 YouTube，国内像优酷土豆、爱奇艺等主要垂直类视频网站都逐渐完成了从最初用户上传分享内容，到现在 PGC 的专业化制作转变。

③卫视转型视频网站

一些具有强大实力的电视台为了迎合互联网环境下用户观看视频渠道的

偏好变迁，扩大自身的市场影响力而创立视频网站。比如湖南电视台旗下的互联网视频平台——芒果 TV，除了为用户提供湖南卫视所有独家栏目的高清视频直播和点播服务，用户还可以在上面观看各类热门电影、电视剧、综艺、音乐等内容。电视台类视频网站的兴起，代表了广电媒体对于如何触网转型的深刻反思，也改变了互联网环境下电视台为视频网站提供版权内容的二线角色。

（2）上游环节：软硬件支持

①内容提供商

形态丰富、制作精良的视频内容就如同视频网站的血液，缺少优质的内容资源，视频网站就如同无本之木无源之水，迟早会被淘汰于激烈的市场竞争中。内容制作方面，目前网络剧主要有以下三种生产方式。

A. 视频网站自制产出

以一般视频网站内部分出的独立工作室或制片人带领下的制作团队为代表，在网络视频平台的扶持下，进行网络剧内容的生产制作。这类生产模式属于小作坊式运作，相比较于有成熟套路的专业制作公司，可发挥能动性的空间较大，轻便的团队体质，也允许有更多贴合时代性和更具新媒体特性的作品产生。网络自制剧本质上是视频网站在激烈的市场竞争中提升自身竞争力的有效手段之一，是为了增强自身实力而演化出的具有代表性的竞争策略。网络视频平台对自制剧在制作和播放中掌握着主导权，可以在制作过程中积极收集观众反馈意见，在出现问题时可以及时叫停，根据用户反馈更好地改进制作。

但是，专业的优质影视作品依然多产自专业的影视制作机构，因此这种生产模式也具有一定的局限性。视频网站的内部团队由于视频经验不足，因而对于作品从前期策划到中期拍摄再到后期宣传方面都缺乏一定的经验。加上市场把控能力尚不成熟，因此容易落后于专业的制作机构。有可能导致产出的作品质量较差，不具备强大的竞争实力。对于视频网站自制产出的网络剧，广告主通常倾向将营销费用投入以广告植入为代表的内容营销，以及像贴片广告、暂停广告、角标广告等常规广告。

B. 在线视频平台与专业制作机构联合制作

专业制作机构专注于生产、发行、宣传推广于一体的流程化内容生产，这类机构相比较于小作坊式的工作室出版，已经形成了一套成熟的产业化生产流程，自创自作，自由度高，局限性小。可以充分发挥自身优势，结合时下热点对作品进行创新加工，因此在同类机构中具有较强的竞争力。典型的是现象级网剧《万万没想到》的制作出品方万合天宜，作为一家成熟的新媒体影视公司，万合天宜形成了从编剧、导演、制作到市场推广、院线发行等基本完整的体系。除了其强大的专业导演团队、编剧团队之外，万合天宜还拥有一支成熟的品牌推广、艺人经纪、全媒体营销制作团队。《万万没想到》播放期间，创下了许多惊人的成绩，一度在优酷蝉联内地电视剧榜首，击败了当时势头正猛的卫视电视剧《小爸爸》《辣妈正传》等。同时在微信、微博、贴吧、豆瓣、知乎等社交平台引发了连锁式的话题讨论热潮。

视频网站独立制作在形式上具有节奏快、时间短的特点。而专业影视机构合作生产的内容则表现出形式丰富、专业性强、题材热门且能够接地气的特点。以多元化的内容供给，满足了用户的多方面观看需要，从而得到认可和接受。对于这类网络剧，广告主可以与版权拥有者或版权占有份额更高的一方机构进行合作。除了常规的贴片广告、暂停广告外，从脚本的制作规划起，均可对自有产品进行内容营销的植入。但这种模式也容易产生由于长期的经验积累，导致的习惯性套路化的现象。

C. 网络剧运营平台制作

平台整合导演、艺人、编剧等资源，推动内容制作的发行，围绕精品内容进行孵化，并为内容生产方提供营销、发行等服务，具有典型的平台属性。作为集合了各类优质资源于一体的高效专业平台，具有从影视策划到宣传推广的综合能力，既可以为网络影视内容制作公司提供整合营销和发行服务，又可以为广告客户提供各类数字影视作品的植入营销服务。以芭乐为例，芭乐主要提供影视 IP 的挖掘和孵化，实现全产业链运营、项目投资、联合出品、精细化发行、网感式营销的网生内容出品，以及 IP 再开发与 IP 衍生品运营，构建新媒体影视生态链等服务。利用原创影视平台化运营，形成了集文学版权交易、剧本原创、影视制作、游戏合作、IP 衍生品及金融众筹的全产业链商业模式，并获得阿里巴巴等众多资本青睐。此类平台具有特有的丰富资源和整合力，但相对于经验老到的专业制作机构，平台上的内容来源良莠不齐，因而产出的视频内容质量难以保证，具有较大的风险。

②技术支持商

网络视频平台运营商作为网络视频产业链上的核心主体，其运营维护首先就需要技术商的支持。主要包括：电信支持商，视频网站的日常运转都需要电信网络的支持，将网站服务器与互联网相连，以供顾客访问；网站制作商，很多平台运营者并不具备专业的网站构建能力，为了提高自身网站的专业水平，会选择将网站建设外包给专业的网站制作公司；视频技术商，主要是提供对平台视频内容的转码、格式转换等服务。一般而言，视频技术商单纯提供技术服务，几乎不会参与到网站的具体运作。但是也存在像 PPS 和 PPTV 这样做软件技术开发起家的视频网站，这些网站对网络技术的娴熟性，使得它们通常具有较高的技术敏感性。

③版权分销商

版权分销商负责对剧集的版权进行代理，网络视频平台运营商可以将自有版权的影视内容通过版权分销商分销给其他网络运营商、传统电视台等，反之也可成立。随着网络视频市场的壮大发展，市面上陆续出现了专门从事影视资源版权购买与分销的公司，它们手握丰富的版权资源，将其出售给传统电视台、视频网站，以此获利。版权分销商的出现，一方面促进网络视频行业版权市场的发展壮大，另一方面也导致了网络视频内容版权价格的不定性。分销商通过早期对版权资源的大肆占购，占据资源优势。而内容资源又是网络视频行业竞争的核心要素，必然是各大视频网站争夺的主要资源。在这种“水涨船高”的情况下，版权分销商拥有更多的话语权，为了更多的利益获取，会以各类名目提高版权的转让费用。网络视频平台为了在市场竞争中处于不败之地，只得大幅提高版权购买成本。

（3）下游环节：市场的流通与传播

①广告代理商

目前而言，网络视频平台运营者的主要收入来源还是依靠广告供给，包括贴片硬广和软性广告植入。网络视频的广告代理商，主要分为新媒体广告商和传统广告商在互联网平台上的定位转型。由于市场前景广阔，广告代理商为金主提供更加定制化的服务。通过检测视频网站的广告，分析整理形成大数据系统，向有投放意愿的广告主提供量身定制的广告套餐，有针对性地进行服务。相对于视频网站的广告部而言，广告主更希望对广告投放效果是否满足预期有全方位的认知了解，因此倾向于选择专业的广告代理商，并在后续持续获取受众数据。

同时，对于网络视频平台运营商而言，广告代理商不只是广告客户的中介者。广告代理商对于视频网站用户以及广告质量有着专业的检测和分析手段。这些通过专业分析而来的用户数据（包括受众构成、观影习惯、人群期待），对于网络视频平台瞄准细分市场、有针对性地进行版权采买、内容制作、争夺金主和受众的注意力而言，具有重要指导意义。因此广告代理商在网络视频行业市场流通的过程中具有疏通和引领的作用，对于促进网络视频行业蓬勃可持续发展具有不可小觑的意义。

②受众

传播过程是一种持续的信息传递，网络自制剧的一切营销活动，最终要接受的是观众的检验。作为产业链末端的消费环节，主体受众，起着举足轻重的作用。随着网络用户的激增，视频网站和机构制作者开始试图对受众精准定位，并反馈在最终的产品上，以获得广泛市场。精准定位有助于自制剧在前期策划和制作上把握好大方向，避免与市场脱节。麦奎尔在《受众分析》① 中曾提到受众研究具有一些相同的基本特征，这有助于人们“建构”“定位”“认知”受众这样一种似乎无定型的、变动中的或不可知的社会存在。

网络自制剧的制作者们通过收集数据，对受众群体特征进行研究，有助于跳出网络自制剧内容和题材上的框架，不断产出创新的产品。根据使用与满足理论，人们在媒介的接触过程中，实际是想满足自己的某种需要。在人们使用媒介的过程中，传播实际上起到了一定的满足作用。网络自制剧在传播过程中要提供的是，受众通过观看满足放松、娱乐、消磨时间的需要。网络自制剧制作和出品方在进行网络自制剧创作、发行时应考量网络自制剧在受众的学习、生活中的地位，对于受众的需求进行考虑。

对于网络视频行业而言，所有行为的目标就是尽可能多地获取客户。不同于传统媒体时代受众的单向性——总是被动、不加选择地接受大众传媒传递出的信息。互联网环境下，受众已经不只是作为消费者的被动存在，他们开始具有能动性，会依据自己的喜好挑选视频资源。同时，受众中的青年群体，由于热情活跃，对新鲜事物具有天然的敏感度，因此除了消费视频内容外，这些网络视频平台的受众还会自己参与网络视频内容的创作拍摄，上传到平台，丰富视频网站的内容资源。一来二去，他们无意间也完成了从内容消费者到内容生产者的华丽转身。

部分网络自制剧试行的边拍边播模式，使位于产业链下层的网络自制剧受众，也间接参与到了网络自制剧的制作过程中来。网络自制剧产业由此开创了“UGC + PGC”的生产模式。用户原创内容与专业机构生产内容的结合，是网络自制剧产业生产模式与传统视频产业的生产模式的最大不同。在网络

---

① 丹尼斯·麦奎尔．受众分析［M］．刘燕南，李颖，杨振荣，译．北京：中国人民大学出版社，2006.

传播中，受众反馈得以进一步被重视并产生影响力。

3.4.2 网络剧产业链的现存问题

我国网络视频行业的兴起时间不长，但却拥有着迅猛的发展势头。然而在广阔的市场前景下，我国网络视频产业链的构成尚不成熟，其发展过程中容易出现诸多问题。深入审视这些问题并仔细探究其中的原因，将对我国网络视频行业的发展起到举足轻重的作用。

（1）内容粗浅化，制作草根化

相比于电视台成熟的制片机制和经验丰富的专业团队，我国网络自制剧由于资金和资源的有限性，因此产品规模和制作水平尚存在发展空间，导致我国网络自制剧的规模大多不如传统电视媒体。比如 2013 年曾经风靡一时的《灵魂摆渡》，其每集投入成本不到 10 万元，仅相当于同类电视剧成本的 1/3。在艺人的挑选方面，由于预算限制，多选用知名度尚不高的新人参与，鲜少有时下炙手可热的知名演员担任主角。因此在吸引注意力方面，相比于“大咖”云集的视频产品，自制产品最开始自带流量的吸引力较弱。

在市场高速发展的今天，对利润最大化的追求，已经成为一种普遍的价值取向。在人性弱点的驱动下，很多网络视频内容出现了暴力、色情等负面倾向。为了博取点击量，以最快的速度进行传播，这种噱头式的法律擦边球行为，为我国网络视频行业带来了不良影响。

制作精良的影视内容不仅需要大量的资金投入，也要耗费较长的拍摄周期。有些自制机构为了节约成本，本着易于制作的原则，让画面粗糙、情节低幼的泡沫肥皂剧、山寨剧充斥市场。这种低质量的产品内容自然不会获得市场认可，导致用户流失，赢利能力下降。预算的减少也导致了企业进一步缩减对制作成本的投入，导致内容质量普遍不高的恶性循环。

在成片质量上，一些网络自制剧在场景道具的设置、后期包装等方面，均带有较为浓重的草根色彩，专业化程度不高，甚至有些自制剧为了吸引眼球故意打出噱头。

2015 年大火的《太子妃升职记》大胆将“低成本”作为宣传卖点，粗糙道具、狗血剧情以及简陋混搭的服饰，反作为视频产品卖点，引来不少争议。不过，这种现象很难再持续下去了。《关于进一步加强网络剧、微电影等网络视听节目管理的通知》等相关政策必然会起到引导的作用。粗制滥造和低级趣味的网络自制剧，更容易被市场自然淘汰。

随着受众审美水平和欣赏力的升级，质量低劣的产品最终会被市场驱逐。只有大制作、高质量的视频内容才能成为市场未来的发展趋势。随着视频网站自制能力的不断升级，需要多花费精力与成本投入到内容制作的过程中来，加强自身的内容创新，用优质内容吸引用户，赢得市场话语权。

（2）宣发之困，赢利之难

对于受众来说，网络自制剧是传统电视节目的同类产品，除非拥有极具吸引力的内容，否则用户的付费观看欲望很难被激发。目前只有部分巨头型视频网站的视频资源具有一定的独占性，大部分还都是同质化内容，大同小异，并未取得更多的突破。

要消除用户根深蒂固的“免费消费”的心理并非易事，一旦平台要价过高，而内容质量又低下，很容易导致用户流失，让视频网站难以承受。

任何产品都需要一定的宣传策略才能取得更好的销售表现。视频网站对自制剧的推广渠道主要集中在互联网渠道，通过站内、微博、微信等社交媒体。而对于线下等其他渠道的推广较少，或主要以展示为主，在线下的互动性有限。

我国视频网站对广告的依赖性较强，非会员用户想要观看视频需要先忍耐长达 1 ~2 分钟的广告。单一的贴片广告形式以及较长的等待时间，容易使得受众产生一定的反感情绪，产生不良的观影体验。

结束了开头粗犷的硬广植入，又迎来了金主、赞助商们在节目中的软性植入，然而由于技术和植入设计不到位，很多植入广告与剧情之间缺乏内在的联系，有明显的“违和感”，也容易引起观众内在的反感情绪。因此，除了广告、会员模式外，视频网站的其他赢利模式还有待于进一步探索优化，使之不断成熟。

（3）用户忠诚度不足

各个视频网站的用户之间往往存在较高的重合度，大部分网络视频用户在浏览内容的时候，都会有自己的明确内容需求，这就导致了用户是追内容本身，而不是某个网络视频网站。用户为了能看到不同平台的自制内容，会在手机里安装多个平台 APP，以便观看。

用户购买某个平台的会员服务以后，一旦用户需要的内容出现在另外一个平台上，视频网站会员的价值也就不复存在。多个网站之间的转移，也表现出用户忠诚度普遍较低。用户之所以在平台间的反复跳转，还在于目前自制内容的同质化程度过高，以及用户对平台没有形成一定的品牌印象和依赖感。基于此，视频网站的品牌建设也异常重要。在内容趋同的背景下，用户对视频网站的品牌认知度也决定了他们的选择。因此，如何打造自身品牌，建立核心竞争力壁垒，阻隔竞争者，吸引并提高用户忠诚度，也是我国视频网站应该认真思考的问题。

总结：

产业化的本质是打造产业链价值，产业价值链是企业内部和企业之间为满足用户特点需求或进行特定产品生产、服务所展开的一系列价值增值活动。网络剧作为一个产业，它的价值链由网络剧市场上存在的各类环节组成，一个完整的网络剧产业链包括产品的创意构想、产品销售、产品制作、节目播出、宣传服务等多种环节，不同环节有不同的参与主体发挥作用。

视频网站应该积极探索传播模式，力求完整的产业链条。上游可向各个机构出售自制版权，中游可打通音像制品进入市场，下游则可以加大力度做相关文化产业的开发。

我国网络自制剧的产业链虽然是自上而下的呈现形式，但其中的走向并非单一，而是一个循环、多向的链条。各个环节相互补充、协同合作，将产业链拉长增厚，促进整个产业的良性发展。同时，各个环节的潜力无穷，如何充分利用网络平台的优越性，还有待挖掘。

4 网络视频增值服务的赢利模式探索

4.1 会员增值服务

增值服务，目前尚未形成统一的定义，但其核心内容是指根据客户需要，为客户提供的超出常规服务范围的服务，或者采用超出常规的服务方法提供的服务。会员增值服务，也可称作客户增值服务，是指企业为了更好地吸引客户、管理客户、更大可能地深度发展客户，在通过购买行为得到产品之外提供给会员客户的其他服务。企业常采用免费的基础功能来聚集用户人气，沉淀用户的忠诚度，然后通过增值服务获得赢利。增值服务，实际上是一种差异化服务。企业所推产品包含的免费基础功能能够满足大部分用户的日常需求，但人与人之间是存在差异的，对于产品功能的要求自然也不一样，在这种情况下就产生了增值服务模式。

视频网站的兴起是新媒体时代特有也是较重要的景观之一，它颠覆了传统电视行业的运营模式、传播形态，吸引着大批忠实观众，大幅度占领了广告市场。与此同时，视频网站付费领域也在不断探索前进，这是新旧媒体的博弈碰撞，也是一次崭新的行业交融。相比国外成熟的网络视频行业，我国视频网站的发展仍处于探索阶段。

过去几年，视频网站通过“烧钱”拼版权，逐步建立起了以广告为主的赢利模式。但随着版权费用和运营费用日益增加，视频网站仅依靠提供免费资源换取广告收入的赢利模式日渐受到挑战，付费模式成为众多视频网站的长远规划。这种趋势并不难理解：在行业发展的早期，需要吸引海量用户。而随着用户沉淀下来、市场结构趋于稳定，细分用户需求的服务才是视频网站走得更远的关键所在。

2008 年，激动网正式推出了付费点播品牌“激动派”；2010 年，迅雷看看推出向用户收费的“红宝石影院”业务，一期推广高清下载，二期将推广高清在线观看，一部电影收费大约 1 ~ 2 元钱。2011 年 3 月，腾讯网、激动网、迅雷、暴风、PPTV、PPS 等国内一线视频网站共同发起了“电影网络院线发行联盟”，掀起网络视频的收费热潮；同年 4 月，优酷网和凤凰视频正式加入该联盟。2011 年 5 月，爱奇艺首推出付费会员专区，也开始尝试付费视频业务。自此，网络视频付费业务在国内悄然成型。

付费业务伴随视频行业多年，探索不少，真正收益却不多。在当时有说法称“谁第一个收费谁就第一个倒下”，许多参与尝鲜的视频网站也基本都是“雷声大，雨点小”，付费没有形成足够的阵势，直到 2014 年年初也未出现显著的成果。

经过十年的摸爬滚打，视频网站找到了“上岸”的关键。少部分视频网站开始意识到，“为视频付费”不是用户的需要，“为内容付费”才是打开用户钱包的王道。至此，这些网站纷纷走上了新一轮的付费转型之路。视频网站最初的目的是搭建平台，广纳内容以吸引用户并留住用户。但随着平台价值的淡化，吸引用户的关键越来越转向独播和自制等优质内容。掌握了这一制胜点，再伴随着移动端的崛起、网络支付便捷度的完善，各家视频网站的付费业务从 2014 年下半年起突然出现“惊人涨幅”。

爱奇艺发布的《网络视频个人付费行业白皮书》数据显示，2014 年年初至 2015 年年初，中国视频个人付费市场规模从 2.1 亿人成长到 5.9 亿人，年度同步增幅高达 178.1%。中国视频行业用户付费市场已经步入快速增长期，并且增速迅猛。

4.1.1 付费会员制全新起步

对于中国视频网站行业而言，单一广告模式越来越无法支撑其长远发展，长期的亏损状态也促使各大视频网站开始探索新的赢利模式。近几年，在付费会员赢利模式的探索上各大网站也有了重大突破。

2015 年，爱奇艺独播剧《盗墓笔记》全剧集上线 5 分钟内，播放请求就达到了 1.6 亿次，VIP 开通请求超过 260 万次。爱奇艺这次采取会员抢先看全集的全新播出模式，不仅促进了其会员业务的跨越式发展，也是国内视频网站会员业务发展的里程碑。随后各大视频网站纷纷开始尝试这种模式。

2016 年热播韩剧《太阳的后裔》在爱奇艺独家上映。该剧自上线爱奇艺以来，凭借“VIP 会员抢先看”的差异化排播模式，首播 24 小时内即获得来自 VIP 会员超 3000 万次的播放成绩，截至大结局当天，该剧总播放量高达 26.85 亿次，刷新了此前《来自星星的你》首轮 13 亿次的韩剧网播纪录。相比剧中的俊男靓女，另一个现象引发了更多业内人的关注：《太阳的后裔》是一部 VIP 会员剧，意味着只有付费的 VIP 观众才有资格在每周四晚上看到与韩国同步发布的最新剧集，普通用户则需要耐心等待一个星期后才能“无料观赏”。据韩国媒体的报道称，《太阳的后裔》使得爱奇艺付费会员骤增 50%，光会员费一项就增加约 1.9 亿元的收入。

在视频网站崛起的十多年里，对于会员制收费的探索一直没有停止过，且很长一段时间内这种尝试都以失败默默告终。在介于付费和免费之间的这道“天堑”面前，会员模式总是显得不堪一击。

易观咨询分析师庞亿明认为，爱奇艺这次尝试的成功与视频网站近几年来的差异化发展有关，除了卫视热播剧以外，视频网站的内容重合度越来越低，独播剧和独播电影的比例大幅提高，“封闭的鱼塘”的形成，使得“收网”成了可能。

当前视频网站的付费模式与观众打的是心理战。多是通过前两集免费观看进行造势，然后会员先行，让那些等不及看片、又有付费意愿的网友在充值网站会员后先睹为快，顺便照顾不愿付费的网友——等待一周后也可如愿以偿观看。

视频网站的高明之处在于，若是会员“一刀切”，假设有1500万会员，12集的点击量也不会超过2亿人次，而稍退一步，不仅能保证超高的点击量和后续的营销力度，也能体现会员利益。不过这一收费模式也存在一定的危险——由于是周播剧，整个播出期时间拖得很长，付费观众若是在先睹为快后感觉不“走心”，很有可能摧毁整部戏的点击量，使其变成一部虎头蛇尾的小众剧，视频网站前期的巨额投入可能最终打水漂。

除此之外，自制剧《太子妃升职记》则采用了另一种模式——结局收费。虽然引来网友巨大的不满，但从商业效果来看，《太子妃升职记》的会员播放量达到了3.9亿次，吸引新增会员220万人，带来了4100万元的收入。

“免费+会员”的双生模式，已经成为视频网站探索会员制度的主基调。相比之下，“一刀切”模式就逊色很多。例如腾讯视频推出的《卜案》，虽然内容质量尚可，也短暂限免过，但由于后续全部采用会员收费模式，其点击量仅仅停留在1.9亿次。

笔者认为，一部好的电视资源的确可以吸引会员，但如果造成的品牌效应大过实际收益，那么该资源播完了，消费者也就离开了。所以归根结底，要靠一个平台的综合能力去留住用户，这才是竞争的本质。

对于网络视频产业，广告模式与会员模式最大的不同即是服务场景的延伸。传统模式下，广告卖完交易就结束了，用户与视频网站的交互并不多。相比之下，会员模式能带给用户与视频网站等更多的连接、更多的可能性。会员能带来许多延展性服务，比如搭配硬件的售卖、明星周边售卖、企业级合作。所以，会员模式不是交易的终端，而是全新的起点。

4.1.2 付费用户规模

（1）中国在线视频市场发展概况

2010—2011 年在线视频网站用户付费开始起步。初期的尝试主要集中于单个电影的付费点播，因为电影是一种天生适合用户付费的视频形式。小规模的用户付费探索由电影开始。

2012—2013 年在线视频用户付费的积累期。视频网站逐渐推出付费会员，为付费会员提供增值服务，包括会员免广告以及其他特权。同时付费内容也开始不局限于电影，部分热门海外剧也成为付费会员尝试的内容。

2014—2015 年在线视频用户付费进入快速增长的爆发期，各视频企业开始大力推广用户付费。随着探索的不断推进，会员权益不断丰富化，会员体系分明，付费内容也不断向多样化发展，付费点播电影，会员免费电影，会员提前观看电视剧，付费电视剧等，为用户提供了更多的内容选择。

2015 年在线视频整体市场规模保持快速增长，并且出现了一些新的增长点。首先，视频用户付费市场在各家视频企业的推动下有了长足的增长，付费用户数量大幅增加；其次，视频广告开始产品化，各视频企业纷纷推出了不同类型的创新营销产品，针对广告主不同的需求，面向不同的用户群体，根据大数据实现视频广告的精准性和创新性，促使视频广告出现新的增长；再次，视频行业对于内容的追求精益求精，IP 策略和内容运营以及对内容自制的推动，使得视频内容有了更多的利润想象空间。①

在线视频广告近几年保持较为平稳的增长态势，市场发展已经较为成熟。视频广告收入市场未来的增长主要依靠以下几个因素带动：一是广告形式的创新，除了传统的视频贴片广告之外，内容营销以及与广告主合作的深入整合营销也不断增加；二是营销产品化，不断增加的营销产品使广告投放更具

---

① 艾瑞咨询 . 2015 年中国在线视频用户付费市场研究报告［R］. 2015.

针对性，也能挖掘出广告主更多的细分需求；三是移动端广告的巨大成长空间。目前移动广告在视频广告占比与移动端流量占比还有较大差距，移动端商业化推进将进一步刺激移动广告收入的提升。2015 年用户付费市场实现了爆发式增长，未来几年仍是付费用户的爆发期，市场环境已经发展成熟，在各视频企业的推动下，视频增值服务将逐渐发展为与广告同等重要的收入来源。

在线视频用户付费市场发展背景可从以下两方面进行探讨。

①社会背景

近年来国家不断加大对于网络盗版内容的打击力度，取缔了大量提供盗版视频内容的网站，并对一些相关企业进行较为严厉的处罚，使得整体网络视频版权环境得到改善。与此同时网民的版权意识也逐渐提高，更多选择通过正版渠道获得视频内容。通过盗版渠道获得内容越来越困难，并且视频内容的质量和清晰度无法得到保证，使得用户逐渐养成了良好的使用习惯，并且在面对优质内容时付费意愿逐渐提升。国家对于正版内容的保护和盗版内容的打击为用户付费市场的发展提供了良好基础。

在线视频行业的不断发展对于传统电视行业产生了一定的冲击，使得电视台也在不断寻求新的发展。从湖南台推出芒果 TV 开始，越来越多的电视台也推出了自己的在线视频产品。电视台和在线视频企业之间的竞争加剧，许多企业都将独播战略作为增强自身竞争力的手段，使得电视内容和在线视频内容之间区隔逐渐加大。而独播的内容则成为各企业吸引用户付费的重要筹码，许多内容用户除了付费之外很难通过其他渠道获得。台网之间的竞争为用户付费市场的发展提供了发展环境。

目前网络广告已经进入成熟期，多年来一直保持较为平稳的增长，同时视频广告也保持着较为平稳的增速，预计未来几年内也很难产生爆发式增长，视频行业需要寻找新的增长点。广告行业受整体经济环境影响较大，近几年广告主预算紧缩，对于网络广告行业可能产生一定影响。

移动互联网经过多年发展已经进入相对成熟的阶段，用户对于移动端依赖性越来越高，而移动端已经占据视频行业流量的主流。在移动端使用非版权内容的门槛更高，因此对于版权内容需求更加强烈。移动支付发展成熟，通过网银、支付宝、微信支付等多种方式都可以快速便利地进行支付，为视频付费创造了良好的条件。

②企业背景

目前占据在线视频市场规模比例最高的赢利方式仍是以视频贴片广告为主的广告收入。为了挖掘用户的广告价值，网站首先要获取大量的流量。一方面吸引大量的用户会随之产生高额的带宽成本，另一方面只有丰富的优质内容才能够吸引足够多的用户。随着行业内在内容方面的竞争加剧，版权采购成本较高，同时也需要投入大量成本进行内容自制以形成独特的内容优势。而用户产生的广告价值难以支撑获得用户所需成本，导致大量视频网站长期亏损。

用户付费收入是在原有广告价值链的基础上，通过对用户的深度运营，获得的增值收入。相对于单个用户的广告价值来说，用户的内容付费价值更高，能够为视频企业带来新的利润空间，缓解视频网站的利润压力。由于大量用户同时是两家或两家以上视频网站会员，同时视频用户付费市场规模中含有少量会员之外的付费收入，因此用户增值的 ARPU（每用户平均收入）值可能较单个视频网站更高。

丰富的内容是视频网站吸引用户的根本动力。国家加大对盗版的打击力度之后，主流视频企业都大力采购丰富的正版来吸引用户。近两年网站投资自制以及对于 PGC 的大力支持，使得在线视频生态不断完善，形成了丰富的多层次的内容体系，不但能够为用户提供更多的选择，同时也为吸引用户付费，提供不同层次的内容服务创造了空间。

（2）在线视频用户付费市场规模

2015 年中国在线视频用户付费市场规模为 51.3 亿元，同比增长率为

270.3%。在线视频行业的用户付费经过多年发展和积累，在2015年迎来转折点。

如图4-1所示[①]，用户付费市场的爆发是整个行业多年探索和积累的必然结果，同时也得益于核心在线视频企业在2014—2015年的大力推动。未来几年市场规模仍将保持高速增长，用户付费将和广告成为在线视频企业收入的两大主力。同时，付费用户的运营也将成为未来1~3年内在线视频企业的核心战略之一，视频企业的内容采购和生产，以及运营和推广都将为其提供助力，形成一个完善的付费生态系统。

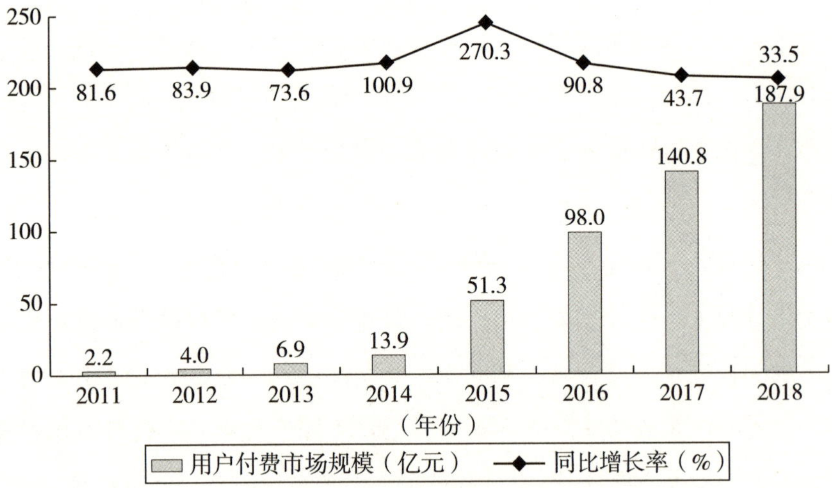

图4-1 2011—2018年中国在线视频用户付费市场规模

如图4-2所示，2015年付费用户数量实现爆发式增长，付费用户规模达到2884.1万人，同比增幅高达264.1%。

付费用户中包含单次点播付费用户，也包含各网站的付费会员，各视频网站的付费会员重合度较高，头部几大视频网站的付费用户规模在行业整体

① 艾瑞咨询.2015年中国在线视频用户付费市场研究报告[R].2015.（注：图4-1至图4-4皆出自此报告）

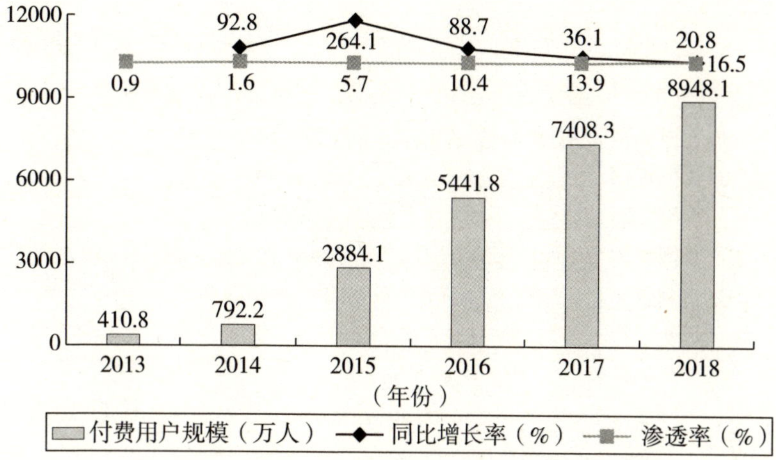

图 4－2　2013—2018 年中国在线视频付费用户规模

当中占比非常高。2015 年视频付费业务进入高速发展期，未来几年仍将保持较高的发展速度。付费用户在整体在线视频用户当中所占比率仍然较低，用户付费市场发展潜力巨大。

如图 4－3 所示，从用户的付费意愿上来看，用户更愿意为影视剧内容付费。相对来说用户对国外的电影、电视剧比国内的影视剧付费意愿更高，这是视频资源的稀缺程度以及内容质量决定的。此外，影视剧相比综艺节目的付费意愿更高，综艺节目虽然覆盖的用户群体并不小众，但是综艺节目的特性决定了其广告价值更强，而用户付费意愿相对较低。

如图 4－4 所示，在在线视频付费用户当中，19.9% 的用户是付费点播用户，80.1% 的用户为付费会员。视频付费会员是用户付费的绝对主流，因为付费会员除了收费内容之外，还享有大量的会员权益，如去广告等。而在付费会员当中，占比最高的是月度会员。32.9% 的用户为月度会员，月度会员一般付费目的性较强，因此选择付费享受短期权益，而这部分会员也是最需要运营转化为长期付费会员的群体。年度会员占比为 29.8%，连续包月会员占比为 21.0%，季度会员占比为 16.2%，剩余 0.1% 的比例可忽略不计。

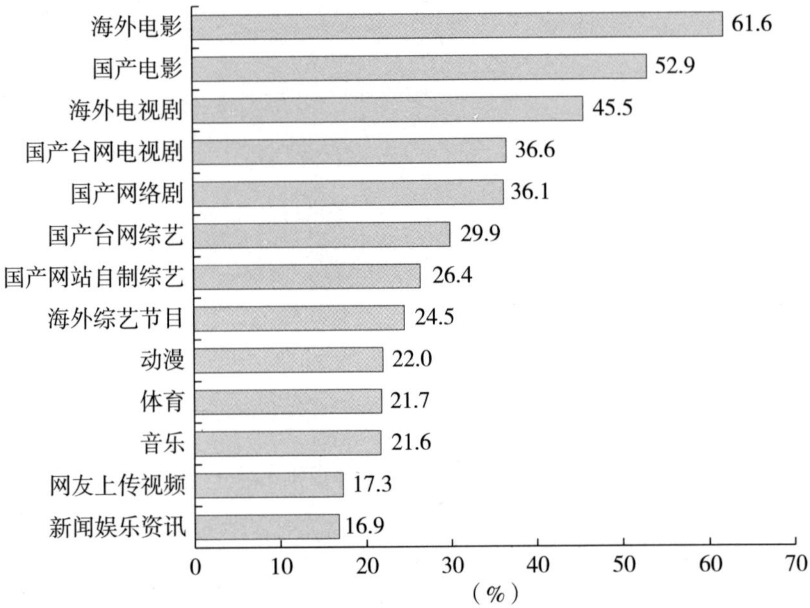

图 4-3　2015 年中国在线视频付费用户付费内容意愿

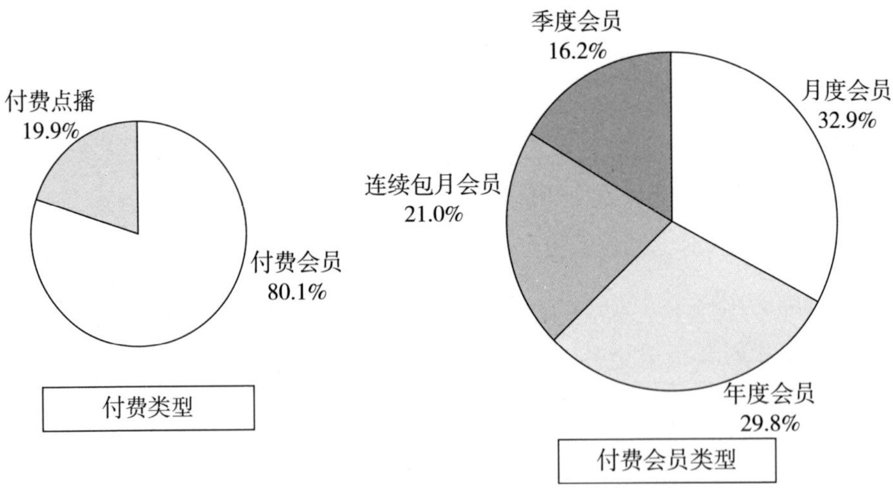

图 4-4　2015 年中国在线视频付费用户付费及会员类型

4.1.3 打造品牌影响力

根据中国网络视听节目服务协会及中国互联网络信息中心共同发布的《2015 年中国网络视听发展研究报告》数据显示（见图 4－5），从用户的收看路径来看，网络视频用户通过浏览器直接访问视频网站收看视频节目的比例为 36.2%，这也是视频用户最常用的方式，由此可以看出网络视频用户已经熟知一些视频网站的网址，形成了直接进入收看的习惯，视频网站的品牌效应逐渐显现。

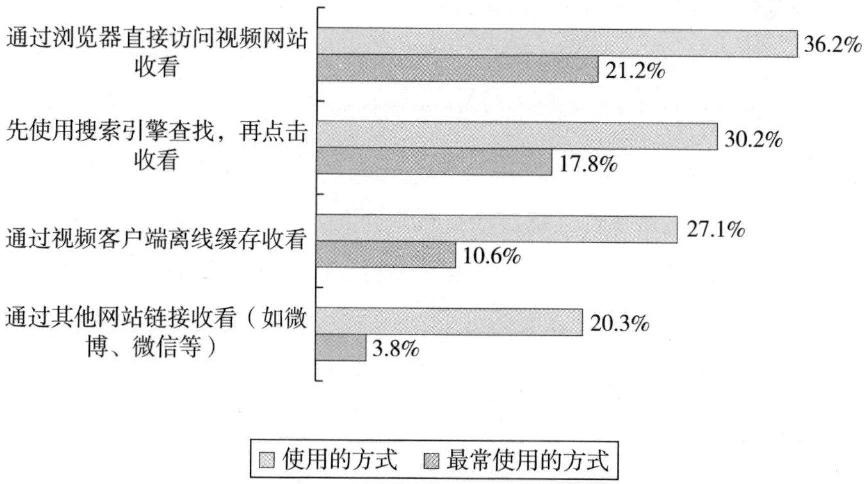

图 4－5　视频用户收看网络节目的方式

4.2 直播平台

随着互联网的普及与移动媒体的迅速发展，一种基于流媒体技术的新兴互联网产业——网络直播平台正在崛起。从前文提到的内容中可以看出，网络视频已成为中国网络市场的中坚力量，而网络直播正是这股力量中冉冉升起的新星。由于兴起时间较短，目前并没有对于“网络直播平台”的官方定义。

最初，网络直播仅作为视频网站的某个版块，常用于对一些新闻发布会、大型晚会等活动的直播，赢利基于用流量换取的广告费。到 2008 年，当时网络上盛行一股“播客”风：用户可以在互联网上发布并允许其他用户观看、订阅自己拍摄的视频内容。这种利用视频传递信息的方式盛极一时，但后期因为发展方向模糊而逐渐失去市场。2011 年前后，“播客”转变成一种网络点播视频的模式，又经过几年的摸索与洗礼，网络直播逐渐发展成为我们今天所熟知的样子。

行业与技术的进步带来网络直播内容和直播平台类型的不断扩展。

根据网络直播平台类型的不同，网络直播可划分为：专门式网络直播平台、捆绑式网络直播平台和附属式网络直播板块三类。[①] 专门式网络直播平台是指只做网络直播的平台，形式包括 Web 端和移动端，如映客、斗鱼 TV、熊猫 TV 等；捆绑式直播平台是指以社交分享为目的、捆绑于某个社交平台之上的直播平台，内容以生活直播或秀场直播为主，形式多为移动端直播 APP，如秒拍、美拍等；附属式直播平台是指附属于某一综合类视频网站的直播平台，如爱奇艺、腾讯等的直播板块。

根据直播内容的不同，网络直播可划分为：秀场直播、生活直播、游戏直播与演唱会直播。本章节将会按照此分类方式对上述四类网络直播平台进行概述。

4.2.1 秀场直播

（1）秀场直播的兴起与发展

近两年，网络视频直播活动大热，引起了社会的广泛关注。究其原因，一是由于该种经济利益下的人际交互活动，在短时间内取得市场规模与收益

① 陈洁．网络直播平台：内容与资本的较量［J］．视听界，2016.

的快速膨胀；二是由于从诞生之日开始，网络直播相关的负面报道就频见于媒体，始终处于舆论的风口浪尖。

秀场直播是网络直播最初期的形态，伴随不断地发展与更新延续至今。网络秀场的主播不需要华丽的表演舞台和精心设计的灯光音效，只需要一台联网的电脑、一个高清摄像头和一个话筒就可以实现互联网在线直播。

我国较早的秀场直播间有六间房、9158、YY 等。秀场主播也称娱乐主播，以青春靓丽的女性居多，颜值、身材、聊天和才艺是主播们主要展现的内容。早期的秀场直播没有专业的策划团队，缺少专业的技术支持，主播们也没有专业的主持背景，即便如此，直播活动也依旧能赢得超高的“点击率”和“使用率”。有些高人气主播成为了“网红”，坐拥十万、百万级别的粉丝群体，每个月的收入也高达几十万元甚至过百万元。

网络直播的兴起或多或少为我们的生活带来改变，直播行业爆红背后的缘由值得我们思考。随着网络视频直播网站数量的激增，综合行业竞争以及受众各种诉求急需被满足等多方面因素来看，网络秀场主播的诞生就体现出了它应有的意义，这也是社会对该群体的初步认识的背景。秀场类直播能带给用户在其他媒体和现实社会不易获得的猎奇、窥视、互动、游戏、多元亚文化、尊崇等多种狂欢式愉悦体验，且相较于传统的明星出名方式，网络主播这一职业入行门槛低，草根大众也可以一夜之间成为网红。

除此之外，有关网络秀场直播的负面新闻也不断把这一新兴行业推上风口浪尖。比如在微博热搜上，我们经常能看到“某某直播间主播直播涉黄”“某某主播为博眼球直播吸毒”等类似的新闻，这种负面新闻在警醒大众的同时，也在某种程度上为直播行业炒了一把热度。

（2）秀场直播的存在契机

物质的极大丰盛会导致消费结构发生转变，高度发展的今天，消费格局的天平已经倾斜于服务以及文化产业，“娱乐性消费”变得更为迫切。网络秀场借助于网络媒介，拥有着巨大的潜在消费群体，这一部分消费群体直接使用现金购买网络虚拟礼物，给网络秀场带来直接的经济效益。另外，秀场签约主播按照观众打赏的虚拟礼物收益与秀场分成，直接兑换现金，秀场又招募更多的签约主播以此构成循环赢利。①

网络直播秀场的主播入行门槛低，面向所有受众，任何有直播意愿的人都可以借助这个平台展现自己、与人互动。这些直播秀场对于主播的资质或者才艺要求并不像电视上专业选秀节目一样严格，如此平等、公开、低门槛的“造星平台”，在一定程度上满足了当前时代下社会大众的自我表现诉求及对人气关注的欲望。除此之外，网络秀场的注册、评论均使用匿名制。在平台中，用户可以随意修改用户昵称，不必用真实身份与人交流，可以毫无顾忌地吐露心声，甚至于在虚拟的网络社交中建立起第二身份。不过这也正是网络秀场较大的弊端，没有约束的行为更加离经叛道，各种秀场靠打擦边球为生，涉黄、涉暴等不良现象屡见不鲜。虽然秀场直播平台都有相应的审核机制，但是收效甚微。

受众是网络秀场主播的“衣食父母”，也是视频直播的直接参与者，他们的存在是秀场主播群体最大的支持，也是视频直播网站竞相追逐的潜在“资源”。在网络直播秀场中，每一位用户都是主播的金主，他们的支持及送出的礼物与主播收益成正比，因此秀场主播会想尽办法与用户建立良好的沟通关系，这样就造成了用户的权益被网络无限放大。举个例子，美丽的秀场主播在直播过程中极力讨好某位生活中平凡无奇的粉丝，这名粉丝心里会获得极大的满足感，因此心甘情愿地掏钱送主播礼物。而对于那些在现实生活中就挥金如土的人来说，在网络秀场成千上万的粉丝面前大手笔打赏秀场主播，这极大地满足了他们炫富、攀比的心理。基于这种用户的心理诉求，网络秀场平台们为用户设置财富等级，用户建立自身社区地位的过程也是网站赚钱的过程，级别越高享受的特权越大，秀场俨然成为一个虚拟的微型社会。

---

① 尤元学．网络在线直播秀场存在研究［J］．文化长廊，2015.

（3）秀场直播存在的问题

虚拟网络空间与现实人际生活间的关系是一个老生常谈的问题。智能手机诞生后，“低头族”成了日常生活中的常见群体。科技发展在与人方便的同时也疏离了人与人之间的关系。网络在线秀场也存在这样的问题。网络在线秀场在某种程度上俨然成为一个微型社会，很多人荒废学业、事业，陷在其中不能自拔。常见于各大新闻头条的“孩子偷刷父母血汗钱××万元打赏网络主播”“夫妻某方沉浸于观看网络直播，最终离婚”等负能量新闻，让人感叹听起来就像一场闹剧的同时，不得不重新审视虚拟直播与我们真实生活的关系。责任虽不能全归咎于秀场，但秀场的确为大众创造了一个疏离现实，消解主流意识的平台，且秀场自身又缺乏正确的价值引导，这种利用用户纠葛谋取利益的产业模式应当及时纠正，在价值正确的道路上寻找新的产业突破口。

除此之外，当前大多数网络秀场平台都存在着一种病态的互动模式：秀场主播使出浑身解数与粉丝用户保持暧昧关系，某种程度上自然而然地就涉及低级趣味。网络秀场作为一个虚拟平台，善与恶在这里被无限放大。用户如果长期处于这种无秩序、无主流意识的氛围中就会沾惹不良习气。不少在现实生活中老实本分的人一到虚拟网络中就变得插科打诨，无所不说，就像被打开的潘多拉魔盒一样，一发不可收拾，即便是在虚拟网络，给罪恶打开一扇门也将后患无穷。①

4.2.2 生活直播

（1）生活直播的发展

生活直播是早期秀场直播逐渐发展衍生的产物。继我国较早的秀场直播间六间房、9158、YY 等，映客、花椒等专业的视频直播平台异军突起，部分综合网站、专业视频网站，如百度、腾讯、搜狐、爱奇艺等也都力推视频直

---

① 尤元学. 网络在线直播秀场存在研究［J］. 文化长廊，2015.

播，多款直播 APP 上线，网络直播从 PC 端发展到手机移动端。据艾媒咨询《2016 年中国在线直播行业分析报告》数据显示，网络直播平台接近 200 家，市场规模约 90 亿元，平台用户规模达 2 亿人，大型直播平台每日高峰时段同时在线人数近 400 万人，同时进行直播的房间数量超过 3000 个。

生活直播平台主打素人主播，以“人人都能做主播”为概念，将主播的人群范围迅速扩大。从移动端产品的设计角度来看，这些直播平台设计简单，操作不复杂，塑造了更好的用户体验，用户直接打开软件就能通过手机相机进行现场直播。从移动直播的特性来看，相较于在 PC 端拥有绝对优势的秀场直播，移动直播更加生活化，只要拥有畅通的网络环境，拿起手机，打开直播 APP，吃饭、逛街、睡觉、闲聊甚至发呆都可以成为直播内容。

（2）变现渠道

当前直播变现的方式主要有三种。

第一种，虚拟道具提现。直播过程中，观众们可以通过充值购买的方式为主播们赠送虚拟的道具礼物。比如映客平台的“保时捷”、斗鱼直播的“火箭”、熊猫 TV 的“佛跳墙”等。虚拟道具最终可以以一定比例兑换成人民币，主播们可以在与平台分成后进行提现。

第二种，人气变现。当主播们在平台拥有一定粉丝量后，可以利用自己的人气来发展其他业务。比如开淘宝店、将流量引到线下做一些商演活动、或者凭借人气签约经纪公司进军演艺圈等。

第三种，广告增值。除了上述两种赢利方式外，主播们更多的是靠在线流量和热度吸引广告主进行投放和导流，从而实现赢利。当网红主播们拥有一定粉丝量后，一些公关、中介机构会主动联系要求插入广告。小到有偿帮助粉丝宣传店铺，大到为一些正规商品进行宣传，只要拥有人气，就相当于拥有了吸金法宝。

（3）从“单枪匹马”到“公司化运营”

经过近几年的沉淀，网络主播不再是一种风潮文化，而是逐渐发展成了一种成型的产业。

网络主播在直播平台上聚集一定的人气后，发展成为某个圈子中的“意见领袖”。日积月累，粉丝人数越来越多，这些“意见领袖”逐渐成为小型网红。近两年在资本的介入下崛起了不少直播经济公司，也可成为网红经纪公司。这些公司将一些单枪匹马的网络主播、网络红人们聚集起来，进行公司化运营。平日里，公司会将精力集中在对网红主播形象维护及人气变现的方式设计上，而网红主播们则需要负责利用自己的人气在社交媒体上向粉丝群进行定向营销。

直播经纪公司的运作基本模式为：

①寻找社交平台上现有的、合适的网红主播，并与其签约；

②组织专业团队维护网红主播的社交账号。经纪公司需要定期更新吸引粉丝注意的内容以及保持与粉丝的互动维持黏性，使网红主播能够吸引粉丝关注从而推广产品；

③组织生产。利用其供应链组织生产能力为网红主播对接供应链渠道，将其在网上宣传的产品进行实体生产；

④提供相关电商店铺的运营管理。经纪公司通过在网上店铺销售网红主播宣传产品的方式将网红主播的社交资产进行变现。

相对于擅长抛头露面的主播而言，经济公司大都沉默低调。直播经济公司的兴起彰显了一股新的经济力量。主播们靠着自己的美貌、特长等消费粉丝，经济公司则靠着强大的整合能力与模式化的管理来帮助主播们越走越远，大家两情相悦，互利共赢。

（4）监管机制亟待完善

随着视频直播的大行其道，网络监管的漏洞也日益凸显。为了博眼球、涨人气、赚钱，一些主播们开始在直播平台上进行低俗表演，甚至涉黄、涉暴。

网红主播们凭借自己独特的人格魅力征服了一大批观众，但虽然每天直播的内容都不一样，长期观看也很容易让观众产生视觉疲劳。在这种情况下，部分主播为了维持人气开始突破原来的规矩，尝试一些打擦边球的内容，为了直播效果去触犯法律、触碰道德底线。问题的出现原因一定是多方面的，主播的自我约束力差、平台的监管不到位、观众们的怂恿与起哄以及上级部门没有明确的管理条文都是造成这种负面影响的原因。

2016 年 4 月 13 日，百度、新浪、搜狐、爱奇艺、乐视、优酷、酷我、映客、花椒等 20 余家从事网络直播的主要企业负责人共同发布了《北京网络直播行业自律公约》，承诺从 18 日起，网络直播房间必须标识水印；内容存储时间不少于 15 天备查；所有主播必须实名认证；对于播出涉政、涉枪、涉毒、涉暴、涉黄内容的主播，情节严重的将被列入黑名单；审核人员对平台上的直播内容进行 24 小时实时监管。

就目前形势来看，面对越来越严厉的警告和处罚，直播平台和网络主播们都要进行自省和自我规范，不触碰法律和道德的底线，净化直播内容，才有资格谈以后的发展。

4.2.3 游戏直播

（1）兴起和发展

近几年，中国游戏产业蓬勃发展，电子竞技逐渐进入大众的视线。随着网络技术的提升，建立在流媒体技术基础上的游戏直播平台应运而生。游戏直播的出现开启了电子竞技的新时代，改变了传统电子竞技爱好者只能通过报纸、杂志、电视和网络视频获取电子竞技信息的局面。

中国最早的游戏直播网站 YY 直播成立于 2012 年，在 2014 年英雄联盟总决赛的举办和直播后大热，随后国内相继涌现出一批资本雄厚的游戏直播平台，如斗鱼 TV、战旗 TV、熊猫 TV 等。伴随着一系列高价签约电竞选手、天价挖脚游戏主播的新闻事件，游戏直播类网站引起业界和社会的广泛关注。作为整个电子竞技产业中的重要一环，游戏直播类网站的发展对整个产业及互联网经济都有着重要的意义。

（2）传播特征

从传播学角度，按照传播者、内容、渠道、受众、传播效果分析游戏直播的传播特征，主要呈现以下几个特点：传播者平民化、传播内容多样化、传播渠道移动化、受众精准化、传播效果反馈及时。

①传播者平民化

对于整个直播行业来说，传播者平民化、入行门槛低，是其最大的特点。在游戏直播的传播过程中，传播者的属性正逐渐呈现出专业级别向业余爱好者扩散、传播者数量几何级增长的趋势。如今游戏直播的传播者已经由过去的赛事主办方、视频媒体机构等转变为更加平民化的个人主播。这些主播绝大多数都是没有接受过专业培训的游戏玩家，他们或拥有精湛的游戏操作技术，或拥有靓丽的外表、开朗的性格，在生活中通过社交媒体与游戏直播相辅相成，提升自己的人气，聚集起自己的粉丝群体。

②传播内容多样化

现阶段游戏直播的传播内容大致分为以下三种：第一种是电竞赛事，包括线上线下围绕当前热门的电竞游戏开展的各种级别的比赛；第二种是游戏节目，包括专业媒体制作的游戏相关节目，以及个人游戏爱好者制作的 UGC 游戏相关内容；第三种是个人直播，内容主要是主播们日常的游戏过程，以及主播对其他游戏视频的解说等。目前，观众基本上是处于“有比赛看比赛，没比赛看个人”的状态，而自制的游戏节目则是优质的少，大都吸引不了太多玩家的目光。[①] 除上述三种类别外，现在的游戏直播也正在向生活类直播靠拢，游戏平台不再全部进行游戏直播，而是开始涉猎唱歌、户外、八卦聊天、搞笑直播等内容，甚至慢慢加入了体育、音乐现场的直播。由此可以看出，游戏直播也在向“泛娱乐化”转型。

---

① 王欢，王勇．我国游戏直播行业现状浅析［J］．新闻传播，2016.

③传播渠道移动化

2015 年 2 月，百度发布了《移动互联网趋势报告 2015 版》，报告显示，当前移动端的网民渗透率已经大幅度超越了 PC 端，互联网新增用户结构发生巨变，“00 后”（指 2000 年以后出生的儿童及青少年）对移动互联网行业的影响不断加大，老用户的固化和“00 后”的崛起预示着互联网移动端的市场将成为新的争夺点。据调查，当前使用移动端观看直播的用户已达 53%。随着移动互联发展的深入，直播平台向移动端的迁徙将是大势所趋，未来游戏直播的形式将主要朝着这个方向发展，主播与用户之间的互动方式也将更加多元化。

④受众精准化

游戏直播领域相较其他种类的直播，更加垂直化。在某款游戏直播过程中，能认真观看直播、进行有效互动的用户大都是此款游戏的玩家，因此游戏主播的目标受众非常精准明确。尽管最初受众关注游戏主播的目的各不相同，但一旦主播与粉丝受众之间构成了一定的默契与联系，用户的黏性将会达到一定的高度。不过，随着受众对游戏直播的观看频次越来越高，受众的游戏标签可能会越来越弱化。

⑤传播效果反馈及时

游戏直播中，用户可以在直播画面上即时发表评论，有些平台还拓展了弹幕的评论方式。这些评论方式实现了主播与观众的实时互动，游戏直播的传播效果可以瞬间得到反馈。使用过程中，用户通过平台注册获得发表评论的资格，在进入游戏直播房间后，用户可以随时发表自己的观点，或与主播进行交流，或与其他用户进行互动。游戏主播可以一边操作游戏，一边接收受众的反馈，给出某些回应。主播可以借由这些反馈了解到自己的传播效果如何，可以及时调整传播策略，或者停止传播等。

（3）赢利方式

我国游戏直播平台的发展仍未到成熟期，当前存在的几种赢利方式能产生一定的经济效益，但相比前期投资还是相差甚远，如何更好地赢利还在探索当中。

目前我国游戏直播平台的赢利方式主要有以下三种。

①粉丝经济

游戏直播平台赢利的关键点是观众数量，所以几种赢利方式中占比最大的为粉丝经济，它包括直播过程中的观众打赏及电子商务两种形态。

观众打赏是当前整个直播行业中最常见也是最主要的一种赢利方式，是指观众在观看直播时购买虚拟道具后将其打赏给主播所产生的经济效益。以熊猫 TV 为例，观众有两种打赏方式：一种是通过在线时长或者做任务兑换竹子，再将竹子打赏给主播；另一种是通过人民币购买猫币，再用猫币购买虚拟礼物打赏给主播，目前熊猫 TV 人民币与猫币的兑换比例为 1∶6.7。熊猫 TV 的虚拟礼物主要有竹子、烤鱼、龙虾、佛跳墙等，其中最贵的礼物为佛跳墙，价格为 10000 猫币，折合人民币约为 1500 元。主播在收到虚拟礼物后，可将其兑换成现金。大多数游戏直播平台的礼物结算方式为平台与主播按比例分成，而熊猫 TV 主播得到的礼物全部归主播所有，只是兑换时需要从中扣除个人所得税。

粉丝经济的另一种主要形式是电子商务，也就是大众所熟知的网络店铺。主播在直播过程中向收看直播的粉丝们推荐自己的网店，通过粉丝的支持来增加网店的销售额，获得效益。这种网店的营业额主要依托于主播人气和粉丝数量，但要想走得长远，产品质量也要有保障。游戏主播的网店一般经营衣服、零食、电脑外设等产品，有的还提供游戏代练、拜师收徒等服务，网店的收入全部归主播个人所有。这种“网红效应”带来的对消费的刺激程度不亚于影视明星。许多粉丝的购买行为并不是出于真正需求，更多的是对自己所爱主播的一种支持。

②开展赛事竞猜

游戏直播平台的赛事竞猜是专门为观看竞技比赛直播的用户开发的竞猜

玩法。用户在观看喜爱的战队、选手比赛的同时，可以开启竞猜。根据自己对双方选手的了解，也可以参与别人开启的竞猜，边观看直播边玩，还可以赚取虚拟币为喜爱的战队或选手送出道具。

以 YY 直播为例，在 YY 游戏直播的有奖竞猜中，竞猜的虚拟筹码是白豌豆，白豌豆可以通过做任务、充值等方式获得。主播发起竞猜后，观众有两种开启模式：一种是“开猜”，即自己坐庄，赔率由自己设定，前提是必须有观众在自己的庄里押注；另一种是“种豆”，即在别人的庄里进行押注，如果押注获胜，YY 会收取百分之五的税收，其余为个人所得。每一局比赛结束之后主播会进行结账，豆子可兑换成人民币。①

赛事竞猜的出现，成为游戏直播平台的又一大新型赢利模式。直播平台作为最大庄家，本身只会稳赚不赔，这种模式带来的经济收益也比较乐观。

③游戏联合运营

游戏联合运营，是指游戏开发商、游戏代理商与游戏运营商的合作。以当前风靡全球的大型英雄竞技类网游“英雄联盟”为例，它是由美国拳头游戏（Riot Games）开发的，但拳头游戏并不参与经营，每个国家都有英雄联盟的代理商，也就是我们常见的不同服务器。我国的英雄联盟代理商是腾讯，腾讯向拳头游戏缴纳一定的代理费以获取授权，之后所赚取的利润全部归腾讯所有。二者互利共赢，技术领先的拳头游戏负责研发，而像腾讯这样拥有庞大用户群体的代理商们负责运营。游戏联合运营的方式多种多样，除了游戏研发商与运营商的合作，游戏本身与游戏周边的联合运营、游戏之间的联合运营等也颇为常见。

4.2.4　演唱会直播

当前，传统产业互联网化成为不可逆转的趋势。在传媒娱乐业，在线演

① 雷作声．从战旗 TV 看游戏直播类网站的运营之道［J］．山西大学文学院，2015.

唱会直播让不能亲临演唱会现场的粉丝观众们，通过线上端口购票的方式，足不出户地享受到全方位、多渠道的高清演唱会直播，实现粉丝连线演唱会现场零时空实时互动，创新粉丝与明星演唱会现场互动的新模式。在线直播演唱会模式打破了时空限制，使传统演唱会经营模式转变为粉丝经营，颠覆了传统线下演唱会的生态链。

2014 年 8 月 2 日，汪峰的“峰暴来临”鸟巢演唱会火爆开唱，共计有 6 万名歌迷购票入场，票价为 280 ~ 1680 元不等。与此同时，乐视网以 30 元每张的价格销售了 48000 张网络直播电子票和 27000 张回放转播票，收入超过 200 万元。[①] 通过乐视 TV、移动端及 PC 端等乐视网全平台屏幕观看演唱会的人数超过了 10 万人，线上观众超过了现场观众的数量。

至今，越来越多的艺人先后试水“在线演唱会”，这开创了一种全新的音乐演出 O2O（线上与线下）模式，即观众可以不受时间、地点、场地、数量的限制，在线上观看演唱会的直播或回放录像。

在线直播演唱会模式打破了传统线下演唱会的时空限制，实现了线上互动与线下互动、同城互动与跨城联动、场馆互动与家庭互动的结合，将演唱会“On - line（在线观看）”和“Off - line（现场表演）”结合起来。

（1）在线演唱会兴起原因

对于音乐产业来说，传统的唱片行业销量逐年下滑，尤其是国内唱片市场畸形的发展形态导致现在歌手的音乐主要依靠网络的传播，数字音乐的兴起也扭转了实体音乐原来的统治地位。随着移动应用商店的崛起、数字媒体资费的低端化，以及支付的便捷性，数字音乐已经在这个时代占据了绝对的优势，而对于音乐人来说，现场演出和巡回演唱会才是其收入的主要来源。将二者进行某种程度的结合，成为音乐产业谋求长远发展的新出路。

演唱会行业长期以来的赢利主要来自门票收入、赞助商赞助等，赢利方

---

① 孙冰．音乐 O2O 来了，视频网站玩出新花样［J］．中国经济周刊，2014.

式较为单一。互联网时代，尤其是大数据环境背景的推动，演唱会商业运作简单依靠传统线下单一操作模式束缚了演唱会产品平台的扩大化，限制了其经济利益的增长速度。在线直播演唱会打通线上与线下的推广平台，实现了演唱会领域的O2O多元化变现。这种模式优化了推广手段，加大了与受众的互动，开拓了获利渠道，挖掘出赢利潜力，真正实现把演唱会产品的盘子做大。

2015年起，流媒体视频继续呈上升趋势。从音乐演出市场的角度来看，大批受众拥有消费能力，但是受限于各种原因，或是时间不合适，或是场地人数限制，或是对于演出的兴趣度还没那么高，对于传统演唱会的参与度有限。视频网站的这种在线直播对于这些有消费能力的人来说是一个很重要的补充，这种高清直播，无论是清晰度还是收看的自由度都远超现场观看。在线直播演唱会目前仍处于萌芽阶段，但这样的细分领域机会已经酝酿成熟。

移动互联时代，智能终端已经普及，用户的线上使用习惯养成，对于在线直播演唱会已经有了较直接和强烈的体验需求。观看体验和现场氛围不佳是在线演唱会发展的两大掣肘，但随着技术的突飞猛进，线上互动方式的创新一定程度上弥补了现场氛围的遗憾，打破了粉丝需花费高昂票价才能和偶像略有互动的传统，颠覆传统模式，大大满足了用户的需求，用户体验正在不断得到优化。

除上述几点原因外，带宽、编解码等技术的进步也是在线演唱会大肆兴起的最主要支撑。

（2）在线演唱会商业模式

传统的演唱会商业模式是以线下票房和广告为主要营收来源，在营销和销售上，也以大麦网和传统线下渠道为主。而在线演唱会“现场演出+付费直播”的运作方式，提高了现场表演的时间价值。

在线演唱会的主要模式框架为“主办方—赞助商—在线用户”。主办方提供优质内容与在线用户互动，而线上电子门票只面向与互联网有关的线上赞助商销售，同时提供给赞助商相关的艺人平面授权和其他 IP 资源，获得第一批在线用户。赞助商拿到授权后可使用在线门票进行拓展新客源、会员互动、渠道资源置换等工作，服务于企业品牌宣传与产品营销等目的。在用户的经营上，新的模式可以变“一次性交易”为长期紧密的关系。在互联网上，每一个人都化身为一个 ID（身份证明），如果经营得当，这些 ID 会长期活跃，持续不断地贡献购买力。①

对于主办方来说，在线直播演唱会能提供高人气的明星阵容，更有创意的节目内容，更精致豪华的现场舞美，大大提升项目品质。对于赞助商来说，可以通过合作获得直播 ID 和艺人肖像授权；能开拓新客，吸引非目标受众群；开展营销活动，增加销售产值，利用明星热度制造话题，引发社会关注；有效关联明星形象，提升品质质感。对于在线用户来说，他们是最大的受益方，无须亲临演唱会现场，无论自己身在何地，只需要有一台电脑、平板、手机或电视，就能实时参与偶像的演唱会，同步感受现场氛围，通过在线体验，以较小的代价（购买产品或注册成为会员）获得线上直播观看权，真正享受到互联网带来的新生活方式。对于播出平台来说，在已经拥有或是打算布局自己的一套完整的视频生态的背景下，做一场大牌音乐人的演唱会线上直播，既分流了一部分因为各种原因无法去现场的观众，同时丰富了自己的视频播出形式。如果实行免费策略，则可以从赞助商处获得收益，获得点击率，提高关注度。线下演唱会线上直播权还会成为各大视频网站的争夺点。

除此之外，直播演唱会的多屏互动模式，打造了一个具备社交功能的在线直播平台，在线粉丝与明星线上线下能实现实时互动。粉丝可以通过弹幕表达心声、在线点歌，在线为偶像购买虚拟鲜花、星星、鸡蛋等虚拟礼物表达态度，参与线上投票决定演唱会的曲目，甚至还可以通过线上报名参加演唱会的庆功宴，有机会与明星面对面交流。这些虚拟礼物和门票等都是变现

---

① 电商 O2O 无所不能——汪峰演唱会 O2O 颠覆传统企业思维模式［D］. 福建质量管理，2014.

方式。

(3) 未来发展趋势

业界也有人提出对在线音乐演唱会商业模式发展的担忧，认为线上直播会“蚕食”线下收入的担忧，同时演唱会现场一旦被网络直播出去，演出内容就会很快大量流传开来，也可能影响后期发行音像制品。[①] 笔者认为，在线直播演唱会是传统演唱会商业模式的一种有益补充，未来的互联网娱乐业有更多可发挥创意和赢利的空间。

在线直播演唱会在某种意义上可以说是互联网产业与音乐产业的一种融合，二者形成规模性的、新的营收趋势。互联网娱乐业需要做的不仅仅是把产品放在网上去卖（如网上卖门票），更重要的是用好新媒体与用户进行互动式的营销，并且深度沉淀用户，变一次性交易为长期紧密关系，持续挖掘客户价值。

演唱会是基于粉丝经济的一个行为，主办方需要以用户需求为导向，针对不同终端做出相应设计和方案。在线直播演唱会的蓬勃发展需要音乐行业每一个环节的配合。除技术因素外，整个行业对于新模式的接受度也在一定程度上影响着在线直播演唱会的发展进程。

在未来，在线直播演唱会要走规模化、人性化道路。加强场景服务体验，让消费者心甘情愿地进行线上消费，是音乐演唱会 O2O 模式要长远发展的关键。音乐产业需要通过更加大胆、更加具有想象力地利用互联网的方式，积极打造移动娱乐全新生态链，形成一个完整的垂直整合产业价值链。

① 何勇海．网络直播演唱会是一场“危险游戏”［J］．音乐周报，2014.

5 网络视频跨界联动的赢利模式探索

中国网络视听节目服务协会发布的《2015 年中国网络视听发展研究报告》显示，网络视频行业的主要收入来源为广告，占比约 70%，包括版权分销、视频增值服务等收入占比约 30%。增值服务收入（主要为用户付费服务）有较大增长。这和近年来在文化产业圈“蹿红”的“IP”一词分不开。如今的 IP 已经不只代表知识产权、版权，越来越引申为围绕核心内容资源，而展开跨行业多领域的衍生行为。在美国，以迪士尼、漫威等为代表的娱乐巨头已形成完整产业链，围绕 IP 的市场达到百亿美元级别。

2016 年，国内互联网影视圈最引人注目的恐怕就是由《老九门》《余罪》《灵魂摆渡》所引起的网剧热潮。这些火爆的影视剧中，大多数的 IP 资源都来自网络小说，以高知名度的版权资源作为源头，从网络畅销小说→聚集各平台粉丝浪潮→待时机成熟后牵线影视制作公司、网游手游等公司进行 IP 价值的开发和延展→通过大数据确定剧集艺人选角→线上线下前期宣推营销→节目上线→衍生品开发，经过层层链条的传递，每个环节收获得盆满钵满的参与者已经不在少数。

产业链之间的相互叠加、延伸和相互呼应形成的利益链条，联通线上线下的空间，打通各个行业之间的壁垒，形成新的联结，并不断吸引更多的资本流入，进而使该产业进入良性循环，不断发展完善。

对于视频网站而言，把价值观核心寄托于热播电视剧的时代已经结束，如今他们需要做的是打通整个产业链，追求终端控制，使内容得到很好的分销。获得更多流量增长的同时涉足多领域发展，使视频网站的业务不再是视频业务本身，还要多点全面开花，推出创新业务，通过构筑坚实的行业生态围墙，以更好地支持他们正在“烧钱”的内容服务，在激烈的市场中存活发展。

5.1 智能硬件市场

5.1.1 电视3.0时代

面对强烈的市场竞争和主营视频业务持续烧钱的严峻形势，视频网站把价值核心全盘寄托于视频内容资源的时代已经结束。为了使内容得到更好的分销，获得多渠道的发展，网络视频平台纷纷调转方向，不再单纯关注视频产业本身，而开始向全产业链发力。为了全面占领用户的注意力，在占领了手机终端后，这次互联网视频平台瞄准了电视硬件产品，开启从“服务”到“服务+硬件”的电视3.0时代。

图5-1为《2015年中国网络视听发展研究报告》中不同终端设备的收看频率，其中49.7%的用户每天都会使用电视终端，使用率均高于手机、电脑等终端设备。可见电视作为网络视频的收看终端，一直以来在客厅中的重要地位，使其培育了一批忠诚用户。自2013年下半年以来，随着盒子类产品的相继发布，视频厂商拉开了“客厅大战”的序幕。

（1）什么是电视盒子

IPTV（Internet Protocol Television）盒子，直译为网络协定电视，是用宽带作为介质传输电视信息系统，将广播节目透过宽频上的网际协议向订户传递数码电视服务。由于需要使用网络，IPTV服务供应商经常会提供链接互联网及IP电话等相关服务。

从技术原理上讲，IPTV其实就是在电视上通过网络收看节目的一种形

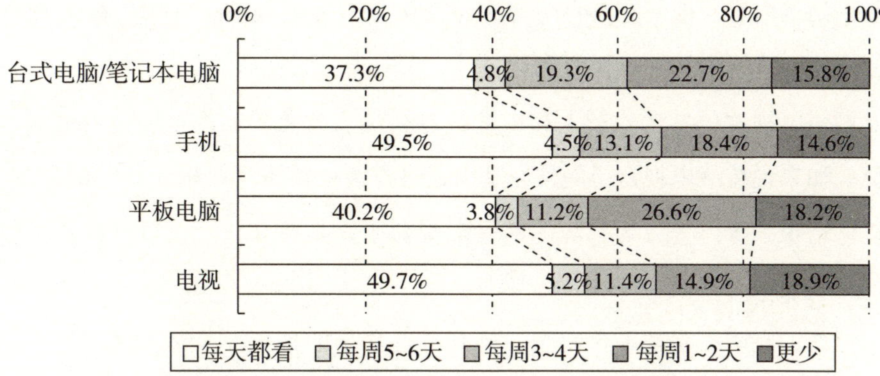

图 5－1　网络视频用户在不同终端设备的收看频率

（资料来源：中国网络视听协会《2015 年中国网络视听发展研究报告》）

式。目前我国的 IPTV 运营主体主要由联通、移动、电信等几大运营商主导，通过家庭宽带在专用网络中提供视频节目的增值服务。从形式上看，IPTV 除了需要宽带网络外，还需要添加运营商指定的机顶盒，利用机顶盒链接网络，接入内容平台。央视国际－CNTV（中央电视台为申请主体）、杭州华数（浙江、杭州电视台联合申请）、上海文广－百视通（上海电视台为申请主体）、南方传媒（广东电视台为申请主体）、湖南电视台、中国国际广播电台以及中央人民电台等几家互联网电视牌照商为 IPTV 提供点播、直播等服务。虽然 IPTV 受限于服务器专用网络，无法访问公共互联网，但相比传统的有线电视，能提供视频点播、直播等功能的 IPTV 还是有其进步优势的。从服务平台上看，用户无法独立使用 IPTV，需要向电信运营商缴纳额外服务费用才能看到内容，与传统有线电视相比，IPTV 只是把信号接收渠道从有线电视换成宽带网络，缴费对象由有线广播电视剧变为电信运营商。目前比较主流的电视盒子大体可以分为两类：运营商 IPTV 盒子和互联网电视盒子。

（2）从电视盒子到智能电视

网络电视盒子，也称智能电视盒，类似于家里上网所用的“猫”，只要处于网络环境下，电视盒子就可以使自家的电视机上网，从而在电视上收看网络视频内容。网络视频平台与集成平台商合作，直接在电视盒子中加入其他视频网站的内容，或者在其自带的应用商店中添加视频网站 APP。相比 IPTV 电视盒，互联网盒子在自由度和开放度上都有着较强优势。

网络电视盒子虽然外形上和传统的电视机顶盒无异，但正所谓形似而神不似。如果说传统电视盒子的核心基因还只停留在媒体“娱乐欣赏”的层面，那以网络视频媒体平台为头阵的网络电视盒子，则更聚焦于互联网环境下特有的“交互式体验”。

然而，在网络视频平台看来，自有电视盒子的出现，只是占领存量市场——让已经购买了高清电视的用户间接成为本品牌用户。现在更为重要的是要占领增量市场——让那些要买电视或更换电视的用户直接成为本品牌的忠实用户。

事实证明，盒子带来的用户体验并不够好，用户需要在盒子和电视遥控器之间频繁切换。电视盒子被认为是电视智能化道路上的过渡品，当智能电视业发展健全后，电视盒子将被替代。如果说 IPTV 和网络电视更强调观看方式和内在的增值服务提供，那么智能电视作为带有智能系统的电视机，则更多强调的是内外一体化的终端视频播放器。从硬件上来说，智能电视就是安装有智能模块，拥有智能系统的电视机，是计算处理部分和电视显像部分的结合。从功能上来说，智能电视除了收看正常电视节目外，还能够实现网络浏览、视频点播、应用安装、智能操控、人机互动等功能。

爱奇艺创始人、CEO 龚宇表示，“智能电视的诞生有着用户强烈的需求支持”。确实，目前用户的观看习惯正在呈现出一种“回流”的态势，即经历过 PC 端、移动端的追捧最终流回到 TV 端，只不过这时候的“电视”，早已不是传统意义上客厅里的那件笨重的硬件设备。

因此，此时智能电视的功能已经不止局限于为用户提供视频节目，而是从“坐着看电视”到“和电视一起玩”的转变，除了视频节目，智能电视还可以实现视频通话、音乐播放、互动教育、家庭娱乐等全方位互动体验。

5.1.2 智能电视的营销策略

（1）低成本营销

传统电视机的赢利途径主要依靠终端硬件，单价高，后续消费很少，属于“一锤子买卖”。如今各大视频网站推出的智能电视则反其道行之，普遍通过硬件低利润的补贴策略招募用户。同尺寸的智能电视比普通电视更便宜，配置不同，所差的价格也不相同，从几百元到上千元甚至更多。智能电视能把成本压得如此之低主要在于传统电视机的购买渠道通常来自大型商场或专卖店，在通过厂商到三级代理商之间层层递进，必然产生渠道成本，因此传统电视机的价格 = 产品成本 + 渠道 + 营销 + 毛利。很多知名电视机品牌从出厂价到最终零售价几乎翻了两番，但如今很多互联网平台商采用产销结合的一站式销售策略，减少了很多渠道商的不必要成本。

比如众筹营销模式（Customer Planning to Customer，CP2C），通过搭建自有品牌的电商销售网，砍掉多余的渠道成本以及超出合理范畴的品牌溢价，从工厂直达用户。这不仅降低了企业和用户的成本，更有助于培养用户的使用黏性，并基于用户需求意见反哺产品。众筹模式更加注重用户价值的发挥，可以将产品的改进建议直接反映到产品的研发、生产过程中，形成不断向上生长的良性循环。不同于传统意义上由设计师掌控的研发模式，在产品设计的伊始，CP2C 模式得以让用户深度参与，根据用户的兴趣偏好，为其量身打造私人定制化服务，使得产品可以适应各类需求。这种设计灵感全部来自产品使用者，用订单驱动生产的模式正在受到追捧。对于厂商而言，既可以通过提前预知商品数量，按需生产，消除不必要的物流和库存成本，又可以合理规划生产周期，保证生产进度。

（2）持续性消费

除了为降低企业成本和用户成本，压缩高昂的渠道和流通成本外，视频网站的智能电视模式还构成“持续性消费”，和网站赢利模式一样，以硬件低价作为俘获用户的撒手锏。

智能电视以低价政策开拓市场，在保持自身占有率的基础上快速普及，占领入口。凭借大量正版视频资源，买智能电视的人其实质就是花钱买内容。硬件本身不赚钱甚至处于亏损的状态，而出售内容则可以拿后端收费和广告来补贴硬件，以持续性地获得更多利润空间。不依靠硬件赚钱，用生态补贴硬件，这正是“低价位的破坏式入侵”，对传统渠道和传统电视品牌形成压力。过去购买“电视”这一硬件的成本较高，而接上天线，电视中的内容全然免费；现在情况相反，只需花费极少的钱就可以购置一台智能电视终端设备，有关视频内容资源的持续填充，则是消费者后期需要长线投入的花销。

有的智能电视自带牌照方，内置很多正版影视资源，但是有些视频是会员才可以看的，还有一些是单点收费的，无论是哪种收费模式，对于用户来说都是笔不少的长线支出。智能电视通过整合旗下的娱乐内容资源，同时还涵盖亲子、教育等内容服务，更集合了大量游戏应用，实现了智能电视的延展性，这也是传统电视所难以做到的。用户以低价购进智能电视后，还需要进行一系列的消费才能享受到优质的内容服务，所以在决定购买智能电视的一瞬间，就意味着该用户已经成为网络视频平台机构的长期主顾了，正所谓“一次交易的结束即是另一次交易的开始”。待资金库充裕后，网络视频平台又可以继续生产或购买优质内容资源以供给硬件市场，再通过内容售卖（内容付费）、广告推送（在视频内容中插播广告）、附加服务（会员福利）、终端分成（终端电视智能应用分成）等获取赢利，从而形成整个产业的良性循环。

完善的生态服务体系不仅可以使用户获得需要的内容和服务，也使智能电视找到了“硬件收入＋内容付费＋广告收入＋应用分成＋……”等多重赢利模式，不再仅依赖硬件赢利，赢利模式变得更加多样化。

（3）场景化植入

2014 年乐视 TV 牵手唱歌真人秀节目《我是歌手》，除了作为播放平台的存在，乐视斩获的独家网络版权价值还得以与节目环节有着全方位的结合。不同于其他金主在节目中过于张扬展现“存在感”的行为，《我是歌手》中候场的选手通过乐视超级电视观看其他选手的表现，乐视 TV 作为不可或缺的关键情景要素，露出得顺其自然，让人并不感生硬。作为节目官方指定产品，《我是歌手》使用的所有电视均由乐视 TV 提供，从歌手的休息房间到投票区，从舞台候场区到观众投票区，从歌手采访区到乐评人采访区等，布局丝丝入扣，精于设计。显然，乐视 TV 的存在完全融入场景，为节目和观众提供优质便利的完整视听解决方案。

除此之外，乐视 TV 根据观看节目的受众调性，还跨界推出了 K 歌终端设备——超级歌王小盒子。不仅满足了用户听歌的需求，也满足了用户唱歌的诉求，过了把明星瘾。乐视 TV 牵手《我是歌手》，是基于精准的市场定位，从终端和内容上，不断满足互联网环境下客厅大屏娱乐生态系统。乐视发力于场景布局，将植入战略性全盘铺开，为后续的整合营销策略打下坚实基础。

（4）用户需求精准匹配

新消费环境下，用户购买产品，享受的不再只是产品本身，而是产品所带来的服务体验。相比传统电视，乐视 TV 记录研究用户观看偏好，用大数据系统做到内容的精准匹配。比如 6：00—8：00 用户普遍刚起床，是洗漱做早餐忙碌琐碎事情的时候，这段时间适合推荐一些新闻资讯类的内容；16：00—18：00 是孩子放学回到家中的时间，这时候推荐以儿童为主要受众的节目为宜；20：00—22：00 是全家茶余饭后的休闲时光，这时候喜剧类视频和连续剧则显然更受欢迎。

从用户的需求出发，站在使用者的角度来思考问题，做到人群定位、产品定位、品牌定位的高度统一才能给用户带来极致体验。互联网行业人士彭钢曾说过：“超级电视的内容运营，由差异化的内容服务，走向极致化的内容体验。差异化的内容服务，仅仅是多和丰富，而极致化的内容体验，则在丰富内容的基础上做精准匹配和极致体验。”

5.1.3 智能电视市场的困境

（1）政策影响

长期以来，商业广告都是广电收入体系的核心支柱，电视台从影视制作公司购买内容，通过版权分销和广告获得收入，但如今这种模式早已被各大视频网站效仿甚至超越。这些视频网站不仅在优质内容上与传统电视台争抢，还成立自己的影视公司、发展自制内容，不断向上游内容生产方渗透。如果说在过去，电视台和视频网站是有线电视网络和无线视频网络中泾渭分明的存在，那现在视频网站却在逐渐抹平两者界限，并且悄然渗透到千家万户的客厅之中。更疯狂的是，很多视频网站已经开始自建生态，它们拥有丰富的信息资源、可点播的频道、超强的终端把控力，更像是独立于体制之外的电视台。

因此，自2014年上半年以来，广电总局接连出台政策，打击互联网电视产业中的违规行为。2014年6月23日，广电总局发函地方广电局，要求立即关闭互联网电视终端产品中违规视频软件下载通道，并点名批评华数传媒和百视通两家牌照商。原因是华数传媒推出的“天猫魔盒”和百视通推出的“小红互联网电视机顶盒”都载有视频类APP。通过这些APP，电视用户可以看到爱奇艺、搜狐视频、优酷等视频网站的内容，已涉违规。此番广电总局“封杀”视频网站与互联网电视相连的一系列举措是对2011年10月下发的181号文的强制实施。181号文是指《持有互联网电视牌照机构运营管理要求》（广办发网字〔2011〕181号）文件，正式将互联网电视机顶盒，即网络高清播放机终端产品，纳入互联网电视一体机的管理范围。文件中明确声明“互联网电视内容服务平台只能接入到总局批准设立的互联网电视集成平台上”，同时，“内容服务平台不能与设立在公共互联网上的网站进行相互链接”。

从181号文中可以得出这样的结论：机顶盒或智能电视厂商必须绑定一家具备牌照资格的内容提供商才能销售其产品，如此智能电视才真正具备资格上市以及销售。而目前七个牌照方分别是：中国网络电视台（CNTV）、百视通、华数传媒、南方传媒、湖南电视台、中国国际广播电台（CIBN）以及中央人民广播电台。广电总局一直想通过七大牌照方来控制整个互联网电视行业，要求互联网电视不得与视频网站相连，撤掉视频网站专区等第三方视听集成应用 APP，这着实为打得火热的“盒子”“电视”大战浇了一盆冷水。

网络电视盒为用户连接公共互联网，在自家客厅的电视机里随意浏览视频内容提供了解决方案。但是广电总局如今对“电视盒子”管制的收紧，剥夺了用户随意从电视盒子上获取内容的权利，因而电视盒子也失去了其原有的使用价值。

（2）山寨产品市场的竞争

可以说，网络视频平台的“客厅革命”走的并非顺风顺水，除了广电总局的层层限制，还有同类型产品的竞争威胁。随着 181 号文对网络盒子的打压，市面上出现了一种“山寨盒子”，所谓“山寨盒子”就是用技术手段盗取各大视频网站的视频资源，放入盒子里供用户免费观看。这些山寨盒子属于典型的内容无保障、质量无保障、售后无保障的三无产品。相比于正规的品牌盒子，山寨盒子通过非法手段盗取内容，无须支付任何版权费用，成本极低，即使遭遇下架整改等问题，换个包装，过不了多久又可以恢复，因此在售价上比正规品牌盒子要低 4 ~5 倍。而品牌盒子为了自身的长远发展战略，规避广电 181 号文的政策规范，避免触碰政策红线，取消了原来盒子内自带的预装应用以及一键安装程序，而改为内附说明书的方式来指导用户自行安装视频软件。相比于山寨盒子的一步到位，按照说明书进行烦琐的操作，无形中降低了用户的产品体验感。政策的限制，以及不守规则竞品的两面夹击，给视频网站与电视盒子的跨界联动带来了前所未有的危机。

5.1.4 智能电视市场的未来

目前市面上很多互联网电视盒子、网络智能电视都将自己定义为“家庭娱乐中心”，然而事实上，这些客厅里的“网络智能终端”内容同质化严重，只是把手机变成了内容选择的遥控器，电视变成了视频展示的显示屏，除了提供视频资源之外，很难看到更多实际意义。未来品牌内容同时兼具深度和广度、更新速度具有突出优势的公司才能培养出具有黏性的忠实用户群体。网络视频行业的跨界之路，除了自身拥有的海量内容外，网络视频平台还需要一定的创新和突破，全媒体化运营，不断试水给用户带来新的玩法。

但并非所有视频网站在电视硬件跨界方面都取得了理想的效果，2016 年 12 月，网络视频巨头之一的乐视遭遇停牌事件触动了行业中的领头者们。近年来，乐视在互联网视频行业除了不断大肆挥金购买版权，在内容层面争夺外，还跨界多个产业部门，打出“内容 + 平台 + 终端 + 用户”的生态组合牌，希望通过整合这四大版块实现联合推动，形成高度完整的生态闭环。但是，随着乐视的步伐越来越快，此时也有不同的声音出现，质疑者认为：在主营视频业务的基础上，通过联盟合作的方式形成的并非生态系统，只能算作“相关产业多元化”。而完整的生态系统需要由专业的公司做好专业的事情，各行业之间相互协调又各司其职，这就考验整合公司的协作能力，如果乐视具有较强的协同属性，则能在 BAT 的道路上越发顺畅，否则就有陷入多元化陷阱的风险。在 2016 年年初的时候，有专家就曾表示：乐视这样一家涉足多领域的公司，其赢利模式主要是通过已成熟的业务拉动尚未成熟的业务，同时通过尚未成熟的业务吸引投资，整体业务之间又构成一个生态链，产生协同效应。这种商业模式的优势在于创新性较强，能够对投资者产生较大吸引力，促进品牌形象的提升。不过“硬件补贴政策”或许会使公司亏损继续扩大，加大对资金的需求量，容易产生资金链断裂的风险。

5.2 游戏联运

5.2.1 影游 IP 联合开发

近年来，“影游合作”“跨界 IP”“泛娱乐化”等颇具时髦感的名词，频繁占据着各大视频网站的头条位置。只要自带 IP 的热门影视、游戏等作品上线，便会大幅带动用户流量。

随着当下“80 后”“90 后”的购买力水平直线提升，游戏市场成为了 IP 变现的又一出口。而网游在对硬件配置需求、流畅度、操作度等方面显然更符合互联网时代下，用户碎片化的使用习惯。《琅琊榜》《十万个冷笑话》《传奇霸业》等热门 IP 改编游戏大获成功，让很多游戏厂商都嗅到了 IP 游戏领域背后蕴含的巨大商业价值，都在刺激影视和游戏公司展开更有深度、更具多样化的合作方式。

从曾经的文学、影视 IP 授权改编游戏，到游戏联合影视打造网剧电影，再到现在的网络视频平台到游戏硬件跨界试水的不断尝试，影游跨界合作凭借高曝光率、内容普适度和热度的持续性，获得了一定的资本青睐。

《花千骨》是爱奇艺在影游 IP 互动衍生方面做得比较成功的作品之一。作为一部由小说改编到电视剧的 IP 衍生内容，在《花千骨》热播的同时，同名手游和页游也成为当时红遍市场的爆款游戏。爱奇艺同时购买了《花千骨》网剧的播放权，以及相关游戏开发权。在平台上通过 PC 和移动端向用户游戏推荐，引导下载。

《花千骨》游戏上线后，一跃成为当时影游衍生 IP 里收入最高的产品，曾经荣获免费榜第一名、下载量第一名、畅销榜第二名的好成绩，成为整个游戏行业的一匹黑马。页游方面依托爱奇艺旗下的游戏平台优势，上线首月超过了五千万的流水，在页游排行榜里面排第三名。《花千骨》当之无愧成为影游跨界联动的经典案例。爱奇艺高级副总裁杨向华表示：“在《花千骨》之后，爱奇艺又做了其他的一些影视剧相关衍生的分发。下一步还有很多影视相关产品都会开发手游页游，通过大量的游戏来开发影视 IP，大大提升播放量与广告收入，让游戏及其他的收入有更好的突破。”

网络视频运营机构研发出的这类衍生链条主要是针对粉丝人群，如果缺乏强粉丝关联，相关衍生品的转化率会很低。把衍生品纯粹比作淘宝出售的普通商品，则失去了其价值，相比较而言，不考虑情感层面，网络视频关联的衍生品从性价比上面肯定无法与成熟电商模式相比较。但其最具价值的地方在于让粉丝产生认同感的IP气质，自带光环，所以会有较好收效。

5.2.2 游戏厂商的资源互换

百度视频此次上线游戏平台，与三七互娱展开战略合作，通过优质IP、影游互动高品质游戏的定位切入市场。此次，双方将就IP合作、影游互动两个环节实现无缝对接，三七互娱获取优质游戏IP的研发权、发行权，提供优质游戏产品产出，通过百度视频游戏平台进行联合运营。百度视频游戏作为自带海量用户基础的联运平台优势显著，百度搜索、百度视频、百度影音等全覆盖PC和移动端的优质流量入口，有着非常明显的导流效果。

百度视频游戏中心依托于百度视频固有的年轻消费群体，投其所好地通过精品游戏内容提升用户黏性，同时也为百度提供了一条全新的生态闭环。百度视频游戏平台借助自身强大的用户IP体系、运营实力、多流量入口以及基于大数据的人工智能精准推送，为游戏持续输送高品质玩家。加之三七互娱的IP精品资源，让优质IP游戏得以在用户群中产生强大的影响力，因而为游戏厂商们带去可观收益。

与网络视频平台跨界合作，可以让游戏厂商利用娱乐媒体、明星等各类资源对游戏进行宣传推广，极大地拓展了宣传覆盖范围。2015年，三七互娱推出贺岁大片《天将雄师》同名网游，在电影筹备之初便获得IP授权。游戏通过电影发布会、首映会、出演艺人送祝福等娱乐化宣传手段，使其宣传覆盖面得到质的提升，游戏成就瞩目。

随着游戏精品化进程的加速，用户ARPU值将持续提高，游戏整体规模仍存在较大的增长空间。未来拉动游戏市场增长的主要因素将包括：研发技术的提升、产品题材及玩法的创新、IP粉丝经济价值的货币化以及精准营销带来的高转化率。

5.2.3 终端硬件化探索

正是各大网络视频和游戏领域的巨头们对跨界 IP 的追捧，使得娱乐影视圈和电子竞技圈的界限越来越模糊。与互联网视频平台的跨界合作，不仅停留在突破单一流量合作形式，打造精品定制网剧/定制游戏，还表现出未来“泛娱乐化”的新潮流走向。

2014 年 8 月，爱奇艺宣布联合海尔、英伟达正式推出 iPLAY 掌上游戏机终端，这是爱奇艺涉足游戏硬件领域推出的首款终端设备。这款产品由爱奇艺提供运营及内容支持，英伟达负责设计、研发和技术平台，快乐红橙负责平台运营，京东为首发销售渠道并拥有诸多游戏厂商提供内容。从爱奇艺官方宣布的硬件参数中可得知，这款产品搭载了 Android（安卓）系统，售价 1299 元。

对此爱奇艺内部表示，爱奇艺 iPLAY 整合了游戏厂商资源覆盖超过安卓平台 98% 以上的主流大型游戏，以及爱奇艺所拥有的视频内容，而这些视频内容都是可供用户们免费使用的。爱奇艺拟将 iPLAY 打造成 PPS 游戏业务的主要分发渠道，并以此建立起掌机游戏生态圈。而这款掌机与之前 TCL（公司名称）爱奇艺电视、创维爱奇艺盒子、100 + 爱奇艺手机和华为爱奇艺手机荣耀 X1 一样，均属于“iQIYI inside”战略下的硬件产品，目的是以爱奇艺的技术、软件和视频内容，与传统硬件厂商的产品相结合，为各终端用户提供无缝优质的视频体验。如果说网络视频更多地把用户视为观众，是内容的接收方。那这次进军游戏掌机领域，则是想更多地与用户产生互动式的共鸣。

但同样值得注意的是，随着移动互联网的普及，以及智能手机游戏性能的不断开发改进，掌上游戏机市场正在经受猛烈的冲击。2014 年 1 月，索尼官方宣布停止在北美市场销售 PSP（掌上游戏机）；五个月后，停售日本市场，并在 2014 年年底在欧洲市场停售该款游戏设备。对于很多游戏迷来说，索尼掌上游戏机 PSP 可谓是一代传奇，自从 2004 年诞生以来，便风靡世界。

不过，即使这样，以索尼 PSP 为代表的一类掌上游戏机，还是没能阻挡智能手机对于游戏市场的侵占，逐渐黯淡于历史舞台。虽然爱奇艺作为视频内容的生产和分发平台在内容资源上的优势毋庸置疑，但作为一个开放式的网络视频平台，除了现有的高品质内容之外，若想真的打开掌机这一市场可能还需要更多独特的资源或服务提供。

在游戏终端市场，智能手机在功能和性能上不断升级完善，已经争夺到一些对游戏只有轻度需求的用户。对于产品用户而言，长时间按键可能导致手指的疲劳麻木，而智能手游的触屏操作则方便许多。因此，处于打发时间和休闲娱乐需求的普通用户可能不会再单独购买一台游戏终端设备。剩下留存在掌机领域的用户都是有着多年沉淀的高端玩家，这些忠实粉丝极其“挑剔”，继续留守的原因除了对高品质的游戏资源的追求，甚至还包括钟爱触屏移动终端所不具备的精准打击手感。这类人群是经过较长时间市场培育的，因此尽管小众，但仍支撑着掌机行业的持续运转。对于这类核心玩家，仅能提供 Android 平台游戏的 iPLAY 恐难以拿出吸引其驻足的游戏大作。相比于在哪里都可以得到的 Android 海量游戏，海量的免费的网络视频资源可能才是 iPLAY 吸引用户留存的重要原因。

对于 iPLAY 而言，有爱奇艺丰富的视频资源优势做靠山必然不至于“市场遇冷”，不过若想作为一款真正的“游戏机”面向市场，还尚需时间的检验。比如要吸引核心用户的留存，势必要投入大量的资金、人力去研发精品游戏资源或者吸引游戏厂商为自己进行设计开发。在定价方面，掌机游戏由于精良的制作，其成本要高出手游十几倍。在如今激烈的市场竞争中，爱奇艺也势必要对这个项目给予一定的补贴策略，才能适应目前的市场定价趋势。

当然，也许爱奇艺是将 iPLAY 作为其试水终端市场的小型切口，希望借助自身的优势将影响力拓展到线下终端。从掌机这一小众领域入手，一步步打入多元化的生态圈，以寻求新的赢利方式并最终围绕着生态完成闭环策略也并非不失为一步好棋。在爱奇艺涉足硬件产品的一系列动作来看，它正在积极融入到“内容+平台”的互联网发展大趋势中。寻求多渠道平台对视频内容的分发和扩散似乎才是爱奇艺真正的目的所在。

5.3 电商市场合作

5.3.1 广阔的合作前景

随着新一代年轻消费群体的崛起，互联网环境下的商业产品形态正在发生改变。一方面，消费者的消费诉求从过去以价格为核心要素，单纯追求实用性层面，到现在更强调创造性和愉悦感的享受。另一方面，满足尊重，甚至自我实现需求的多元化产品或服务体验正逐渐成为商业市场的刚性需求。

对于很多用户而言，网络视频和电商购物互不关联，处在两个不可相交的领域中。确实，在最初阶段，网络视频和电子商务行业均处于基础构建阶段，面对资本市场的供给以及同行业的竞争厮杀，这两个看似不关联的行业除了传统的广告合作之外，几乎没有其他合作。但随着发展日益成型，两个行业的基本布局完成，立足于平台运营角度，这两者一个流量丰厚，一个现金流庞大，大有合作空间。

网络视频用户总人数持续呈稳健增长趋势，其中移动端视频用户规模增长趋势十分明显，是未来整体网络视频用户规模增长的主要推进力量。庞大的用户流量规模以及移动端强烈的增长态势，无形中为视频平台广告营销、产品付费等商业模式奠定坚实基础。

对于网络视频内容平台，用尽各种内容“套牢”用户，其目的直至流量变现。尽管坐拥海量用户的高频次使用，但如何拥有长期而稳定的商业变现模式，提升平台商业价值，目前仍是各大运营商们苦苦寻求的议题。比较之下，大型电商平台拥有成熟稳定的商业模式，每日过亿的交易额体量，如果能成功“拥抱”可谓是“大树之下好乘凉”。

对于电商购物平台，多方竞争的市场现状，导致用户依赖于价格、服务等多方面因素的综合考量，难以在某个固定平台形成强稳定性关联。从每年的“双十一”电商大战中，电商平台流量之争的紧迫性也能略观一二。各电商平台都急于寻找更多可变现的流量渠道。在淘宝联盟、直通车等常规渠道价格水涨船高的情况下，网络视频平台作为流量集合的来源成为不可忽视的要素。

基于此，双方都试图借对方之力，进一步挖掘自身发展空间。这意味着，如果网络视频平台的高频次、高黏性和网络电商平台的高流水深度合作打通，聚合各自的优质资源以及客流量，则有望达成 1 +1 >2 的效果。

5.3.2　视频引领电商代入式消费

传统视频广告属于直接输出模式，用户在浏览商品信息时难以产生交互行为，无法对产品信息获得多维度的了解，属于被动接受。而视频电商更能满足双向交流的需求，比如用户在观看影视剧时，看中了女主角的衣着配饰，用户可以通过视频中出现的商品信息提示，进入商品详情页面进行购买。这是一种集休闲、展示、购买于一体的购物模式。

以服装举例，剧中人物首先充当了服饰的展示模特，通过在影视剧中的一系列表演，产品能够得到全方位的效果展示。当演员穿着该服饰出现在剧中的不同场景时，也为观众提供了该产品在不同场合下的搭配指导，起到强烈的明星引导作用。

网络视频电商并非一个全新的概念，网络视频向电商的流量转化一直都处于不断尝试中。2010 年，爱奇艺推出视链功能，编辑可在后台选取视频的某个特定区域加上热区，在用户观看视频的过程中，热区部分会呈现矩形边框，当鼠标滑到边框处时，视频便会暂停，并在边框内显示产品的相关信息，附带相关网址链接。但由于这一功能较为复杂，运营成本高，只做几次试水后便不了了之了。

2012 年，京东和乐视共同构建了电视购物板块，乐视作为视频播放平台，京东提供商品支持。在视频播放的过程中，如果出现与视频中相匹配的商品，就会在视频边缘显示商品图片。这些图片也是通过后台管理添加上的产品标签，希望在视频播放的过程中推荐与内容场景相关联的产品，提升用户的购买概率。

视频产业链本身具有很广泛的外延性，不仅有版权影视剧、综艺等 PGC 节目，还有视频网站出品的自制节目，更囊括了不计其数网友的 UGC 产出。所以当网络视频与电商购物碰撞在一起，将不只有一种可能性，通过不断尝试，两者共同产生了更多可能。

2014 年 10 月 30 日，阿里巴巴集团和优酷土豆集团在京举办联合战略发布会，双方宣布展开全面合作，共同推进中国营销领域的 DT（数据技术）化进程，并与优酷合作推出“边看边买”，与土豆合作推出“玩货”。

“边看边买”属于 PGC 范畴，通过高质量内容匹配来实现电商导流转化。“边看边买”是一种在视频播放过程中嵌入相关产品链接的广告投放技术。在用户观看网络视频的建构场景下，通过数据的打通和技术的实现，使用户在不跳出观看环境的情况下，直接点击视频中出现的商品图像即可产生购买行为。比如，在用户观看烹饪类节目时，对视频中出现的食物产生兴趣，就可以直接把这些食材加入购物车。

与“边看边买”系统预设模式不同，土豆的“玩货”是用户自行制作有趣的视频与自己的产品信息相匹配，为产品引流。从结构上看，“玩货”在土豆网自频道内的子频道，集结了众多有售卖需求的商家，其中大多以淘宝电商为主。商家可以在“玩货”上制作有趣的产品推广视频，方便用户全方位地了解产品。

观看视频的过程中，当目标产品出现时，会对应浮现商品购买入口，可供感兴趣的用户直接跳转至淘宝购买。同时，商品出现的时间节点、购买渠道等信息，也会出现在视频播放栏右侧，方便用户视频欣赏完毕后，再进行购买决策。

“玩货”定位于将有趣的视频和优质的产品相结合，它更像是一个视频导购平台，紧扣产品优势，将静态产品以动态性、趣味化、极具观赏价值的方式展现出来。比如《我要成为海贼王的左手》中的手偶玩具、《从水开始你所不知道的强大力量》中的补水面膜。卖家通过新奇有趣的动态展示，增强潜在消费者的购买欲望，这种全新的展示方式，为网络电商消费增添了更多的时尚元素。

“看玩货就购”是“玩货”平台的主打 slogan（广告语），不难看出，这与我们耳熟能详的“上天猫就购了”有异曲同工之妙。平台瞄准的就是互联网环境下成长起来的年轻消费群体，根据年轻人的喜好，“玩货”售卖的产品风格也是与青春活力、创意新奇的定位一脉相承，更接地气。放权给用户更多的自主能力，让他们自由对视频内容策划制作，一方面改变了电商行业和网络视频行业传统的商业模式，充分实现商品与视频的结合，另一方面也为消费者培育了一套新的消费模式，给用户带来更多惊喜的火花。

当一件产品以特色吸引用户，并培育出好感度，那这件产品已经走在成功销售的路上了。在读图时代，商户通过精美的图片包装、打包组合的模式让用户产生兴趣。初期带给消费者的新鲜感如今已经消耗殆尽，“色差”“面料不符”“样式偏差”等问题也逐渐显露出图片展示的短板。“玩货”这类网络视频平台的跨界联动，使网络视频平台的用户与电商购物产生巨大的交集，借助网络视频动态展示的优势，让商品得以更直观、更全面地展示到用户面前，令信息不对称的程度大幅度减小。同时，动态丰富的剧情、演员对产品的展示，有助于刺激用户的感性意愿，增强用户更有代入感的消费体验。

此次阿里巴巴牵手优酷土豆开发诸如“边看边买”“玩货”这样的新产品，连接商家和消费者，真正实现了“屏幕即渠道、内容即店铺”的新消费模式。两者的合作也是基于大数据而开启的强强联合。

2016 年 8 月，阿里巴巴集团公布了 2017 财年第一季度财报，报告显示，集团旗下的中国零售平台的年度活跃买家达到 4.34 亿。据中国互联网络信息中心统计，截至2015年12月，优酷土豆在线视频用户规模达到5.04亿。这两个平台坐拥的亿级用户流量对于精准营销的组合蕴藏着无限潜力。

5.3.3 视频植入助推情景营销

基于新消费环境下，用户面临的多选择性所带来的对商品选择的敏感性，一件产品简单粗暴地单次露出并不能为品牌印象的存留提供多大的帮助。因此，将产品信息自然镶嵌于视频节目剧情的发展中，使其对观众产生潜移默化的“软性影响”是如今较受追捧的一种视频植入形式。该模式下，“观看”和“购买”两种行为之间的时间差被拉大，产品力图通过剧情多维度、高频次的渲染，意图在用户心中留下好感度，帮助产品更具说服力。

时尚节目从来都是品牌营销的绝好平台，2015年10月东方卫视联合天猫推出明星跨界时尚真人秀节目《女神的新衣》，节目由“24小时制衣+T台秀+竞拍”等环节组成，明星与设计师相互配合设计作品，然后通过T台走秀，投票选出优胜者。在第一季《女神的新衣》全程10期节目中，6位女神级明星变身设计师，在大牌设计团队的配合下，围绕设定的主题来一场创意风暴，每期节目现场被买家竞拍买走的服装会在天猫同步销售，因此称为“女神同款”，实现“看到即买到”。这种现场走秀展示，与买手、观众实时互动的模式，使每件衣服都是在节目中产生，在竞争中打造成型，赋予了每件衣服更强的故事性，无形中提升了产品的附加值。

《女神的新衣》与普通时尚设计类真人秀的不同在于，将服装打造过程展示在众人面前，增加了竞拍和线上购买的内容。尽管节目本身口碑存在与真人秀脱节、人物关系繁杂等争议，但不可否认的是，《女神的新衣》可以算是传统卫视频道对视频电商的一次创新性实践探索。它第一次将传统电视、综艺节目、时尚明星、电商平台和消费者多方主体跨界整合，尝试颠覆性合作，对于视频与电商深入合作极具启发意义。

无独有偶，前有卫视频道的《女神的新衣》，后有网络视频平台爱奇艺携

《爱上超模》紧随其后。京东联合爱奇艺出品的互动时尚真人秀节目《爱上超模》，是继《时尚江湖》《纹理》后，爱奇艺推出的又一档时尚真人秀节目，邀请了金星、琦琦、Miss J、何穗、韩火火等大咖明星加盟。由百人制作团队和14位选手在墨尔本进行了60天×24小时的海外拍摄，节目形式是通过任务挑战、硬照拍摄的专业考核进行淘汰，从而角逐出一位新生代超模冠军。

除了品牌冠名、广告贴片外，节目内容里，京东衣橱为其提供极具品质和时尚感的服饰，满足拍摄期间模特选手日常穿着、大片拍摄、挑战体验等多种场合需要。节目中，拥有较好身材的模特选手们穿着京东有售的服装配饰，在镜头前将商品的美感发挥到了最大化。

爱奇艺自主研发的广告技术 Video Out 贯穿全程，可自动识别产品元素，在目标商品出现在视频中的同时，通过浮屏、视点、电商页面等提示信息的方式，无缝连接到京东的电商销售平台，购买“超模同款”。观众在欣赏商品展示的过程中，随时点击购买选手身上这些经过精心搭配的潮流服饰，便可直接导流至购物界面，从植入到导流，全程无须人工介入，全部通过技术力量实现，充分降低用户跨平台购买成本。

事实上，品牌赞助节目早已稀松平常，但很多品牌通过高价“硬植入”的方式在节目中频繁“刷脸”，却没有真正意义上给予用户更便捷的服务享受。这种生硬的广告植入，无法与剧情及人物产生互动效果，多少会给用户带来一些“违和感”。即使用户对视频中的某个产品产生兴趣，从形成购买意向到真正实现购买行为的这段时间间隔也容易导致大量的用户流失。

爱奇艺《爱上超模》与京东合作应用的创新视链技术，打通了不同平台之间的连接壁垒。“所见即所得”“一键下单”式的商品交易模式，能够最大限度地降低用户的选择和获取成本。在专业人士看来，爱奇艺与京东的联手合作，创下了视频网站与电商跨界合作的先河，将创造向上冲击互联网，向下冲击零售业的重大历史。通过高投入的反季拍摄、当季营销的合作方式，京东与爱奇艺携手为观众带来最快捷的购物资讯和购物体验（见图5-2）。

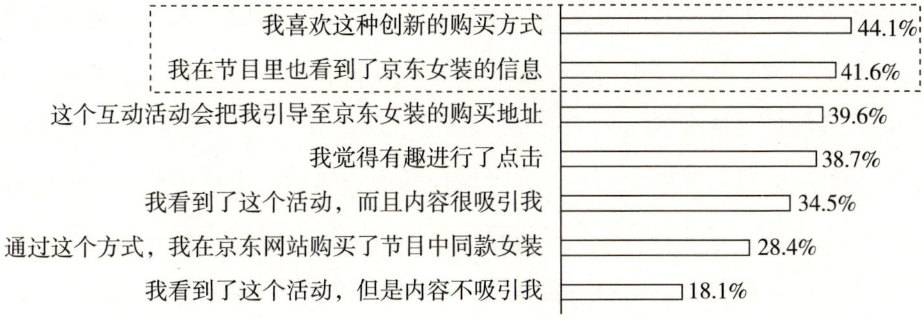

图 5－2 《爱上超模》观众对于京东植入产品的态度

如今，越来越多的用户不只是局限于垂直类的购物平台认知品牌，网络视频、社交平台、新闻媒体等多种渠道都可以帮助其进行参考决策，人们对于跨平台购买，热情正在日益高涨。深入节目剧情内容的“情景式营销”更具有代入感，实现“内容即广告，广告即内容”的和谐共赢，帮助目标用户拓展消费场景，更能激发消费者潜在的购买欲望。这样不仅颠覆了视频网站和电商平台之间的联动壁垒，更颠覆了传统营销与广告植入的既有模式。就像爱奇艺首席营销官王湘君所认为的：“买其所看、买其所想。”用户对节目中的商品抱有热情的时候，就以最简单快捷的方式得到它，这是用户利益，也将是精准营销发展的重要方向。

5.3.4 构建开创性服务模式

除了视频上的植入，网络视频平台和电商平台还将开始更具开创性的战略合作。2016 年 11 月，乐视网与京东就乐视影视会员业务达成合作，双方将围绕“双十一”打造“真惠玩”促销主题，通过“购买乐视会员包年服务，京东平板电脑超级爆款单品 0 元购”的活动形式让利顾客，打响 11 月智能生态季第一炮。双方负责人表示：本次“双十一”“买会员送硬件”的活动只是双方资源打通、战略合作的开始，未来双方还将就渠道资源、营销资源等多个领域展开深化合作。

此次乐视与京东强强联手意在聚合双方资源的基础上形成优势互补。于乐视而言，可为乐视会员服务提供差异化增值体验，借由京东平台的知名度和产品的优惠利好，打出品牌声量，进一步拓展付费用户群规模，实现各年龄层、各场景下的全覆盖。对于京东而言，依托于乐视“平台 + 内容 + 硬件 + 软件 + 应用”的生态体系，以及优质的服务体验、用户运营在行业内具有的领先优势，大批高质量、高黏度、高消费力的会员用户聚集于此，这类用户也正好与京东所寻找的高质量用户群体相吻合。这些年青一代新兴群体的兴起，使得互联网领域在新趋势下产生商业模式的转型，用户消费心理从功能性向愉悦感升级，因此聚合优质资源为用户打造多元化的产品服务体系将成为未来互联网商业王国的刚性需求。

乐视与京东针对11月智能生态季的战略合作，开启了乐视“买会员送硬件”的商业模式，也是乐视首次尝试与乐视生态外的企业开展硬件业务和会员业务联合的战略合作。乐视曾表示：乐视生态是一个开放的闭环，可以更好地满足用户的多重需求，同时实现多方共赢。“买会员送硬件”是乐视结合自身的商业生态布局的独创性玩法，该模式为乐视提供了战略层面的制高点，不仅为乐视品牌输送了更多愿意为内容和服务付费的忠实用户，也提供了网络视频行业内最具开创性的收益模式。在此之前，乐视在“黑色919乐迷节”期间，就曾结合购买乐视会员服务送硬件的方式让利于用户，甚至有评论认为，“黑色919乐迷节”可以成为比肩淘宝“双十一”、京东周年庆的第三大电商节日。互联网领域的用户运营已经从野蛮圈地时代向精耕细作化演变，合作将不仅仅是简单的资源优势互补，更是通过渠道的打通，开创一种全新的服务模式，并且通过相互转化营销资源，增加到达用户的触点，为用户带来更多元化的服务体验。

如果说网络视频中的产品植入是在网络视频平台内镶嵌电商系统，只是网络视频和电商平台的跨界合作。那么一些电商类互联网巨头，则可以凭借自身实力将网络视频平台收入麾下，完全为己所用。2015年10月，阿里集团宣布收购优酷土豆，成为当时中国互联网“第一并购”事件，收购完成后优酷土豆将从纽交所退市私有化。阿里巴巴集团 CEO 张勇表示：“优酷土豆优质的视频内容将成为未来阿里电商数字产品的核心组成部分。同时，优酷土豆与阿里营销、数字娱乐等业务结合，也将产生更多化学反应。”

院线方面，阿里影业手握全球 60% 影院的票房数据和几乎全部的在线选座平台接口，电视播放渠道有天猫魔盒把住端口。对优酷土豆的收购，则刚好填补了网络播放渠道的空白。自此，阿里巴巴集团掌握了电影从制作到发行的整套环节。

从大数据角度看来，单一平台上的用户轨迹属于弱价值资源，存在一定的偶然性，但优酷土豆的加盟得以为阿里积攒电商平台外的用户数据，由此产生的综合大数据才具有一定的价值优势。用户观看偏好、行为数据对于影片的制作策划而言都有着非常高的借鉴意义。同时，阿里背靠优酷土豆这样的数字内容分发平台，进行长期的内容资源产出，也有助于将有过短暂电商购物经历的用户长期吸纳到内容平台，增加用户的停留时间，形成黏性用户群。就像阿里投资新浪微博作为导流渠道之一，优酷土豆这样集结注意力资源的工具平台也为阿里承担起“流量护卫”的使命。

未来，双方合作将体现在三个维度上。首先，是从内容产业到商业化运营，即内容创业者们如何探索多元化的商务变现模式，阿里巴巴旗下的淘宝平台结合多媒体视频平台，也可以通过“走秀展示”“素人直播”等强化内容属性的行为，推动网红电商和达人经济进一步发展。其次，是从平台到社群，PGC 的视频产出将不再是主流，短视频、个人直播等内容创业者产出的 UGC 内容得以快速聚集粉丝，从而在内容市场上分一杯羹。未来，从多屏到无屏，随着 VR、AR（增强现实技术）等技术的火爆，越来越多的视频内容应用 VR 技术呈现，并走向“AI（人工智能）+VR”的终极形态。

单纯的网络视频业务在目前的市场环境下还属于“烧钱”的范畴，这就使得很多网络视频平台不得不奔向资本的怀抱，依托着资金生存。优酷土豆与阿里的结合则可以形成很有“钱景”的文化传媒产业。淘宝有关负责人表示：未来大量的商品展示、功能介绍、场景推广，都将基于视频元素进行。

5.3.5 视频+电商的尚存困境

虽然网络视频和电商的合力试水产生了很多优势效果，但近年来，却鲜有成熟的模式落地结果。对于两者的组合，一直有不同的声音存在，指出现实层面的重重阻碍。

首先是出于用户习惯，单纯购物和单纯观看视频的体验都很好，但是看视频无须任何操作，网上购物则需要不断地浏览点击，还要比价思考。因此目前暂时难以找到能完美融合彼此，且不影响各自体验的操作模式。很多用户并不喜欢在自己专心看视频的过程中被各种弹窗打扰，况且如果在视频中镶嵌过多的电商元素，必然会导致视频呈现效果上的臃肿以及品质的下降。面对“不差钱”却对产品品质越来越挑剔的用户，过多的广告提示可能会驱逐消费者。

其次是网络视频电商还有很多技术问题亟待解决。以乐视网和京东商城的合作为例，合作期间，乐视网中的每个视频中出现的商品，都会有相应的产品图文展示。按照当时的数据，乐视网的100000集电视剧和5000部电影所包括的商品数量繁复冗杂，如果不能通过技术上的手段在视频中抓取产品并链接到商品页面，而单独依靠人工逐个对商品进行标记、添加链接，先不提巨大的人力成本投入，其耗费的时间成本也是一笔不小的数字。

6　网络视频未来发展趋势

6.1　网络视频产业的发展趋势

网络视频免费时代为视频网站积聚了大量人气。近两年，伴随着大量优质会员付费观看内容的不断涌现，以及用户日益高涨的为优质内容付费的热情，网络视频发展开始进入付费时代。

当前，网络视频的发展已经突破了传统广播电视媒体深度依赖广告的商业模式，迎来了付费时代。但付费模式目前仍处于发展中期，赢利效果并不明显。纵观全网，只有兼具了会员增值业务、贴片广告营销等多种变现渠道的赢利模式，才是现阶段视频网站的变现王道。

伴随着电视成长起来的传统一代的观众，对于视频付费这件事情并不能很好地理解。而对于视频网站未来潜在的收视群体，例如“90后”“00后”等，这些跟随互联网成长起来的一代受众，有非常强烈的付费意愿。因此网络视频的未来不再单纯依靠广告模式，而是一定会以付费为主。视频网站变现方式将会实现多样共存。

合一集团董事长古永锵在“中国网络视频年度高峰论坛”上提出了“一鱼多吃”的视频网站变现模式，即上文所提到的同一内容拥有多种赢利渠道。比如一部电视剧，开播时拥有会员收入、广告收入以及IP深度开发的延伸收入等。腾讯公司副总裁孙忠怀说过，视频网站现在并没有实现完全变现，只是以更快的速度加大亏损和失血。虽然长远来看，视频网站是会有回报的，但是需要持续的资金投入来提升创意产业的整个生态水平。现阶段，视频网站虽然收入较最初有所增长，但相较于前期的资本投入仍然九牛一毛，网络视频行业想要实现绝对赢利，仍然任重而道远。

6.1.1 寻求差异化发展，优质内容仍旧为王

网络视频发展初期，视频网站大多只是作为传统广播电视媒体的附属品出现，其所做的工作就是简单而机械地将传统广播电视媒体的内容照搬到自己的网站上，就像数学中常说的“平移”。这样的内容平移，会带来视频网站之间对传统广播电视媒体有限资源内容的一场场价格战。现在，各大视频网站开始将视线转移到自身，更加注重平台间内容的差异化发展，不再照搬照抄或简单改良传统媒体的节目，而是结合新技术的发展、多元文化的引进等，层出不穷地创造出适合自己的新节目。这样就有效避免了过去的同质化竞争，视频网站开始步入差异化的健康发展之路。

除此之外，网络视频行业的关注点也由之前的“眼球为王”逐渐发展为“内容为王”。“平移”时代，视频网站虽然和传统广播电视媒体在内容上有很强的关联性，但视频网站依靠其独有的可随时观看性，在这一点上战胜了传统媒体，积累了一定的人气，拥有了数量庞大的用户群。所以无论现阶段还是未来，视频网站都应更加注重内容的耕耘和创新，在 PGC 和 UGC 两方面紧紧抓住新一代网络用户的心理需求和观看标准，开发出优质内容。在当下最激烈的热门 IP 争夺战中，也要寻找到真正有价值的 IP，避免“昙花一现”，这样才能占领现阶段“内容为王”的视频网站高地。

网络视频行业在内容上的新发展更体现在由“数量”到“质量”的转变。视频网站的发展、用户数量的攀升、用户黏性的提高、付费意识的增长，这些都依赖于优质内容的不断涌现。现在的用户不是不愿意付费，而是更乐于为优质内容埋单。网络视频优质内容的增多，会为视频网站带来积极的影

响，优质内容存在广泛的发展空间。

互联网时代，每一位用户都是潜在客户，用户可以转变为客户，但是客户却不一定能转变为用户。视频网站要想持续充满活力，扭亏为盈，获得长久的生命力，就必须坚持用户至上的原则，并培养用户的付费习惯，实现内容变现。当视频网站将用户放在第一位时，企业价值终将实现。①

视频网站的内容与用户关系密不可分，优质的内容能够提高用户黏性。中国网络视频研究中心执行主任夏陈安博士曾提出：未来视频网站的发展趋势可以概括为“一个核心，两个纬度”。“一个核心”即以内容为核心，对外拿出最好的开放机制，让优质内容进来；对内则要形成百家争鸣的姿态，让多个优秀节目共存。“两个纬度”即产业链与新技术，面对风云突变的资本市场和不断涌现的新技术，视频网站在未来发展中不能仅仅占据某一环节、以内容供应商的身份出现，必须立足于整个互联网产业，建立完整的产业链。

在未来，用户将成为网络视频产业发展的中心，内容将成为网络视频产业发展的核心。

6.1.2 打造品牌效应，付费内容自制化、IP 化

随着付费市场的快速发展及用户付费行为的上升，在未来，选择用户易接受的付费内容和付费模式，从而把握用户付费这一赢利突破口，成为视频网站的重要发展方向。

“内容为王”始终是网络视频产业应当尊崇的定律，对于需要付费观看的资源来说更是如此。上文提到过，视频网站发展初期，网站内容主要来自对传统电视媒体节目内容的照搬，视频网站没有认识到自制内容的重要性，以至于即使推出少量自制节目，也会被观众认为“不入流”，接受度较低。

---

① 马铨，董小染．中国网络视频行业的现状和未来——中国网络视频年度高峰论坛综述［J］．现代传播，2016.

当前，随着各大视频网站之间内容差异化竞争的加剧、电视节目版权价格的飞速增长、受众对优质内容需求的日益提升，视频网站纷纷开始重新审视产业格局，逐步加大对自制内容的投入力度，自制内容成为如今各大视频网站内容建设上的重点发展方向。视频网站在自制内容的选择方面更具主动性，增加了网站各自的辨识度与区分度。当下付费大潮来临，自制内容因自身“纯网”“独家”等特性，成为用户付费内容的首选。时下大热的 IP 也成为未来自制剧的发展方向，视频网站通过购买热门 IP 制作视频内容，在开发付费业务的同时也能够利用粉丝经济降低市场风险，提升收益。

除此之外，优质的独家内容还能够帮助视频网站打造品牌效应。在过去以购买版权为主流的时代，各大视频网站均依靠购买传统电视媒体热门剧版权的方式来扩充自身的内容资源。这样的方式带来不少问题：资金消耗巨大，且各网站内容的同质化十分严重。由于引进资源的渠道单一，在用户观看体验无较大差别的条件下，视频网站始终无法形成较强的用户黏性。如今，视频网站更加注重通过独家的自制内容吸引用户付费，受众一旦成为某视频网站的付费会员，就代表对其产生了较强的用户黏性，从而提升了视频网站的整体品牌效应。

如 2015 年 9 月，爱奇艺以会员付费模式推出《蜀山战纪之剑侠传奇》。爱奇艺对于这样一部超级 IP、当红演员、顶级制作于一体的剧集，创造性地采用“先网后台”的播出模式，全剧每月更新一季，用户通过六个月的会员付费周期可以提前观看，付费时长被拉伸为半年。在网络播放的后期，该剧才会在电视台上映，届时在爱奇艺陆续开放观看权限。这部剧集对爱奇艺会员的带动效果十分明显，一度让爱奇艺登上移动端付费 APP 排行榜 TOP10。

如今，付费业务已经成为各大视频网站未来的主要发展方向，自制网生内容更是其发展重点。相比过去，自制内容不仅不再是“粗制滥造”的代名词，更将成为视频网站深耕付费业务、打造品牌效应的撒手锏。

6.1.3 细分内容+周边服务，提升用户付费接受度

视频网站发展初期，主要有两种作用：一是为 UGC 内容提供简单分享、交流的平台；二是作为传统广播电视媒体内容的第二播出平台。在我国，电视业也曾推出过付费业务，但发展举步维艰。究其原因，主要是免费电视的推出比付费电视提前近半个世纪，观众早已养成免费收看电视的习惯。除此之外，电视本身的属性决定了它是基于大众收看的娱乐分享平台，并不是针对小众人群付费收看的最佳平台。[①] 相较于此，视频网站的付费业务则是另一番天地。

视频网站的诞生与发展都由 Web2.0（第二代互联网）时代背景做支撑。Web2.0 时代主张平台开放，由用户主导生成内容。在视频内容资源的选择上，更倾向于用户的兴趣，用户的主动性得到充分提升。用户的选择性与网站内容的丰富程度成正比，内容越发丰富，用户的选择性就越强，将内容细分的话则更容易迎合不同用户的兴趣点。付费业务刚起步之时，由于受众的固有免费习惯和内容资源的局限性，并未获得良好发展。当下，可观看内容不断细分的同时，付费用户还可以享受更多的视频周边服务，如独家高质量热门 IP 剧集、大型赛事或演唱会直播、免广告、超清蓝光画质、多屏合一等，用户一旦被内容吸引成为付费用户，其用户黏性和品牌忠诚度要远高于免费用户。

根据《第 37 次中国互联网络发展状况统计报告》显示，截至 2015 年 12 月，在我国的网民年龄结构分布中，20～29 岁年龄段比重最大，为 29.9%，这些年轻人群对网络新鲜事物的接纳时间更短，程度更高。随着视频网站优质自制内容的丰富、移动支付的普及和用户对观看体验的更高需求，其对视频网站付费业务的接受度更高。2015 年 9 月，爱奇艺联合艾瑞和中国互联网

① 陆潇恬．从美国付费电视看中国付费电视的发展前景［J］．金田，2014.

络信息中心发布的《网络视频个人付费行业白皮书》显示，2014年以前，付费用户的市场规模一直增速缓慢，而从2014年第三季度到2015年第一季度，付费用户市场规模以平均170%的速度高速增长，市场规模已达5.9亿人。这些用户中，以19~30岁以及一、二线城市的年轻人为主力人群，并遍布各收入阶层，他们的视频需求量更大、活跃程度更高、品牌忠诚度更高，是视频网站绝佳的目标受众。目前，视频网站的付费市场已进入快速上升期。

6.1.4 探寻不同方式，增强用户互动体验

2014年8月，由搜狐视频出品的网络自制剧《匆匆那年》受到广大年轻受众群体的广泛热议及追捧。除了优质的剧情、优秀的演员外，更令人惊喜的是它大结局的设置——制作方是结合观众的意见和呼声来进行剪辑制作的。这种通过综合广大网友的意见来制定大结局的剧目形式在中国并不多见，《匆匆那年》网剧的大胆尝试让人耳目一新，也为国产剧在结局制作方面开辟了一条崭新的道路。《匆匆那年》出品方搜狐视频相关负责人在谈到这次“观众定结局”时表示：“年轻的受众，已经不再天然认为电视剧就应该每天都播，一直播完，也不再认为一个故事就只有一种结局，他们更渴望参与感，更期待交流和互动，因此像《匆匆那年》这种周播剧模式，对于他们来说，完全没有接受的难度，他们也更愿意对于故事发表自己的看法，并期待自己的诉求得到实现，《匆匆那年》的这次尝鲜，更多是顺应了网民的声音和时代的声音。”这种崭新的尝试预示着我国网络视频在今后的发展中会进一步将互动性的定义逐渐拓宽。

在我国，由于拍摄模式的限制与电视台播出方式的制约，传统媒体很难与观众进行良好的互动，更难做到将其与电视剧集的剧情走向完美结合，网络自制剧的出现正好弥补了此项不足，它能够使网络的互动性得到最大化的发挥，用户不仅可以通过互联网平台用发起话题、投票等方式来选择自己喜欢的演员出演电视剧，同时还可以实时参与讨论，与其他网友交换意见，最

终决定剧情的发展。未来，我国的网络视频可以参照此种模式，将线上线下互动性发挥到极致，使用户的互动体验更加丰富多彩。

6.1.5 以“内容为王”为基础，商业模式将走向多元

放眼我国目前几大视频网站，其中优酷土豆、爱奇艺和腾讯视频已经占领了大部分用户。原因在于这三大公司不仅为视频业务提供强大的资金支持，同时还根据自身特性，为视频网站提供多元化的生态链。

首先，视频网站对自制内容的重视使其自然走入产业链的上游——视频制作领域。由于视频网站每天都能产生极高的用户流量，那么利用用户浏览的大数据，对用户的类型、视频选择偏好进行分析，从而确定针对不同用户的自制内容的制作方向，迎合了用户需求。

其次，在付费内容的打造上，其赢利模式不是仅限于视频本身，而是与电商、游戏、周边衍生品等多种赢利模式结合，打造多元的商业模式。视频网站在未来对于用户的意义将不仅是一个观看视频的地方，而且是一个以提供视频为中心的、发展多种网络服务的综合性平台。

以优酷为例，自成立之初，其内容就建立在用户上传与分享的基础之上。即使在如今版权购买潮流的冲击下，优酷的网生内容仍占到其内容总数的一半以上。利用网生资源优势，优酷大力发展自频道项目。随着阿里巴巴收购优酷土豆，其战略目标更加清晰：进军文化娱乐领域，做“文化娱乐界的淘宝天猫”。优酷将投入重点放在粉丝数过千的自频道上，大力发展粉丝经济，除了传统的付费观看之外，还创新了赢利手段。例如，粉丝在观看视频的同时可进行打赏服务，为自媒体频道的运营者赠送虚拟礼物，礼品的价格在几元至几十元不等，通过支付宝等快捷支付方式支付；用户还可以通过优酷众筹的方式为自媒体频道的活动提供资金支持，参与者有机会获得周边产品。视频电商也是阿里巴巴收购优酷后推出的成果，将视频作为商家和用户之间的纽带，当用户在观看视频时，屏幕中对应跳出视频中出现的商品链接，如

果用户对该商品感兴趣，即可通过快速点击进入到产品的购买链接，通过场景营销实现“边看边买”。在探索未来商业模式的过程中，优酷也许将围绕原创内容，通过粉丝经济实现流量变现，从而带来赢利。

在“互联网+”时代，视频网站如何以优质的视频内容为基础，扩充丰富产业结构，做到“互联网视频+”，是我国视频网站探索的重要方向。

6.1.6 三网融合带来新机遇，用户消费习惯将改变

目前，受高额带宽费用及版权成本的影响，国内大部分网络视频网站的赢利能力十分有限，其中靠收费获得的收入微乎其微，占比总赢利不足1%。当前，国家推出三网融合政策，这对于视频平台运营商来说，是一个很好的发展机会，视频网站今后将朝着多屏幕、多网络、多应用的方向发展。

三网融合是指电信网、广播电视网、互联网在向宽带通信网、数字电视网、下一代互联网演进的过程中，三大网络通过技术改造，其技术功能趋于一致，业务范围趋于相同，网络互联互通、资源共享，能为用户提供语音、数据和广播电视等多种服务。2009年7月29日，广电总局发出《广电总局关于印发〈关于加快广播电视有线网络发展的若干意见〉的通知》，指出：加快广播电视有线网络发展，对于巩固和拓展党的宣传文化阵地，满足人民群众日益增长的精神文化和信息需求，推动我国广播影视改革和发展，推进三网融合，促进国家信息化建设，具有十分重要的意义。2010年6月和2011年12月，国务院办公厅分别公布了我国第一批和第二批三网融合试点城市，三网融合将会极大地刺激网络视频平台付费用户规模的增长。

目前，视频网站通过统一的互联网内容传输平台，正在为用户提供丰富的资讯内容。其中以腾讯视频、优酷视频、爱奇艺视频为代表的网络视频平台都先后推出了智能手机、平板电脑等移动终端的无线视频应用，争抢在移动互联网产业的布局。从技术层面来讲，视频传输速率的提高、接入渠道的增多，将使整个网络视频平台获得更广泛的用户支持，成为大众视频消费的

重要方式之一，同时也将快速提升网络视频的媒体价值和商业价值。

受早期消费习惯的影响，以 PC 为终端的网络视频用户付费意愿并不强烈，相比之下，以电视为终端的用户早已养成了付费的习惯，收看电视每月都要交有线电视费。三网融合以后，用户可以将电视机接入互联网，或将电脑与电视机连接起来，就可在电视上按照个人意愿自由选择收看高清的视频，比 DVD 效果要好很多。基于此，用户在网络视频平台付费的意愿将大大提高，从而影响用户的消费使用习惯。这种习惯的变化，将深刻影响市场的变化，从内容制作到销售方式都会受影响。对中国的视频网站行业来说，要抓住这种变化的本质，去思考未来行业发展的方向。

6.1.7 视频网站的发展方向

视频网站将逐渐趋于开放平台和应用服务平台的方向发展。

开放平台（Open Platform）在软件业和网络中，是指软件系统通过公开其应用程序编程接口（API）或函数（function）来使外部的程序可以增加该软件系统的功能或使用该软件系统的资源，而不需要更改该软件系统的源代码。国外 Facebook 的一炮而红，促使谷歌、微软等互联网巨头开始竞相推出自己的开放平台战略，以求追赶互联网发展的新潮流，同时也让国内的互联网公司看到了开放平台的强大吸引力，腾讯、百度、新浪微博等相继尝试开放部分互联领域的 API，力求在网民中为自己塑造开放平台的形象。虽然部分视频网站正在尝试或已经推出开放平台业务，但是目前国内视频网站行业还没有整体发展开放式平台。不过，开放平台的特点以及所带来的效益已经获得了网络视频从业人员的青睐，可以说视频网站将来的趋势将向着开放平台发展。

观看视频逐渐成为人们的一种生活习惯，视频在企事业单位宣传和推广营销方面的价值越来越大，包括政府对视频的运用需求也逐渐加大。基于上述情况，可以看出视频网站同时将向着视频应用服务平台的方向发展。有视频需求的客户可以通过带宽、存储等硬件和技术支撑，在PC端或移动端方便快捷地建立自己的个人视频网站、个人视频频道等，再通过其他视频网站平台获得海量优质的视频内容。

视频网站和视频需求商的合作不仅能给自己带来直接的经济效益，同时也会大大提高网站的流量和知名度，从而吸引广告商的入驻，为视频网站的后续发展带来更大的经济效益。

6.2　网络视频潜在商业机会

随着互联网技术的飞速发展，面对日益激烈的行业竞争，各大小企业都在不断拓展最新的商业模式。

6.2.1　会员增值服务

用户付费收入是在原有广告价值链的基础上，通过对用户的深度运营而获得的增值收入。相对于单个用户的广告价值而言，会员付费更具商业价值，能够为视频网站拓展新的赢利空间。

用户付费市场的爆发是整个网络视频行业探索的必然结果之一，用户付费的市场份额在逐年挤压广告市场空间。未来，用户付费有望和广告一起成为在线视频网站收入的又一主力。很多视频网站都把“付费会员的运营”列入未来几年的核心战略之中，网络视频内容的采买、运营、宣推都将为其助力，以形成完整的付费生态系统。

从现有服务来看，未来视频网站将有意扩大付费用户和普通用户的区分度，以吸引更多的付费人群。数据显示，目前网络视频的付费用户人群主要集中在一、二线城市的年轻人，三、四线城市和极具购买力的中老年人群还蕴藏着很大的挖掘空间。

优质的内容吸引用户向付费会员转化，优质内容的持续性、出色的运营能力，以及完善的会员体系是保障付费用户留存的关键。目前，付费与免费用户的区别仅在于是否强制观看广告和内容更新频次的差异。未来，付费用户除了享受到除广告、专享内容外，还可能享受到如高速下载、高清画质、周边福利以及与明星面对面等多种增值服务。在技术环节上不断改进，提升用户体验，保障各项功能的易用性，也是会员保障的重要因素，从而吸引普通用户成为会员，增强网络视频平台的黏性，培养用户在平台上的消费习惯。

6.2.2 VR行业

（1）VR的发展背景

虚拟现实虽然是近年来炙手可热的新兴技术，但其概念早在20世纪80年代就已被提出。美国VPL公司创建人Jaron Lanier公开了一种技术假象：有没有一种技术可以综合利用计算机图形系统和各种现实及控制等接口设备，在计算机上生成的、可交互的三维环境中提供沉浸感觉的技术。Jaron Lanier将这种技术命名为VR。VR也称为人工环境，它是利用电脑或其他智能计算设备模拟产生一个三度空间的虚拟世界，提供用户关于视觉、听觉、触觉等感官的模拟，让用户如同身临其境一般。

尽管VR的概念在很多年前就被提出，但其真正走入公众的视线，也不过是近几年而已。虽然目前我国整体市场对VR技术的应用与创新持鼓励态度，但由于技术层和用户端尚不完善的发展情况，国内VR市场环境属于机遇和风险并存。经济的蓬勃发展使得用户更愿意在内容消费和视听觉享受上进行投资，但硬件的投入是对用户使用VR的重要门槛。由于技术水平还不够成熟，短期内硬件出货主要以VR眼镜类为主，国内优秀的代工水平和较低的人力成本，带来不错的价格优势。借助国外开源技术，可帮助国内硬件水平较快提高，逐渐呈现出向一体机发展的趋势。但由于硬件技术水平仍不成熟，业界关于VR设备的配置和定价尚没有一个统一的参照标准。市场硬件水平参差不齐，勇于尝鲜的消费者往往因为缺少专业指导而挑选到劣质产品。政策上，考虑到国内严格的内容审查机制，VR 内容方面或受到政策的严格监管和限制。

近些年，国内外对于 VR 领域的投资和创业浪潮大规模展开，从 VR 内容，到头戴式终端，几乎所有电子制造商都提前布局，加入了这一领域的竞争。有分析预测，全球 VR 领域市场或将在 2020 年达到 1500 亿美元的量级。

从 2014—2016 年年初的 VR 行业投资走向来看，有 52% 的投资流向硬件，20% 的投资进入平台和门户，内容和拍摄捕捉技术均获 10% 的投资，但在开发工具方面（SDK）的投资则少之又少。区别于投资界对 VR 硬件的追捧，视频网站更倾向于关注内容，希望在 VR 开放平台的搭建中，释放更多创造力。打造一个生态的核心是平台内容的聚合程度，目前来看 VR 行业尚处于先导期，大量资源主要集中于硬件领域，对于用户体验和优质内容的资源投入还有很大的增长空间。

有关人士认为，未来将有两类公司在 VR 产业中获得市场空间。第一类是 VR 起家型创业公司，由于较强的专业性，在 VR 专业领域上具有核心竞争优势；第二类是在 VR 行业掌握核心资源的公司，比如视频网站、游戏公司以及硬件公司。

当越来越大的显示屏幕、越来越高清的视频资源持续成为各大网络视频平台的革新目标时，“挑剔”的用户已经转移了他们的注意力范畴。告别了平面的视听觉享受，用户正忙着踏入虚拟现实世界的大门。传统的媒体形式已经收到了挑战信号，基于 VR 领域与视觉的直接相关性，网络视频平台作为互联网环境下视觉内容的主要生产和输出方，自然已经开始迫切寻找最佳的 VR 布局姿势。

（2）网络视频巨头们的 VR 探索

①爱奇艺——VR 行业站位

2015 年 7 月，爱奇艺推出了首款非商业化的 VR 版视频 APP，并公布了 VR 发展策略，正式宣告进军 VR 领域。目前来看，爱奇艺的 VR 业务发展策略主要分为以下三部分。

A. 建立 VR 开放平台

爱奇艺并非仅把 VR 技术作为公司增值服务的一项，而是把 VR 当做基础业务来培养，意图成为上游打通内容商，下游对接 VR 硬件设备商的中间平台。爱奇艺已经陆续与包括内容、视频、硬件在内的 200 余家企业达成合作，共同布局未来虚拟现实的合作机制。在这 200 余家企业中，有超过 50 家提供 VR 终端设备的制作业务，不乏像小米、华为这样的大型厂商。

B. 探索 VR 内容资源

VR 的技术优势可以为用户带来临场感的视觉冲击，但 VR 视频真正要达到消费级市场的水平，还需要精品内容的支撑。很多国内 PGC 供应商虽然手握优质的 VR 内容，但缺少自建平台，爱奇艺独立为这些 VR 内容开辟专区、APP，鼓励平台将 VR 内容直接导入到爱奇艺视频平台，用户可以通过佩戴 VR 眼镜，或者爱奇艺 PC 网页版、手机 VR 客户端等方式观看 VR 视频。小米、华为等的 VR 系统以广告和付费进行利益分成。

除了专业制作公司自己上传的内容，爱奇艺还涉足 VR 影视内容的投资和制作，包括投资 VR 网剧、VR 电影、VR 综艺等。目前已有的 VR 内容还处于初级探索的阶段，主要集中于 360 度 3D 全景的展示用途。未来，随着 VR 技术的日趋完善，VR 市场的逐渐成熟，各大视频网站将有望开发出更具娱乐性和体验价值的 VR 内容，以成为用户的新付费出口。

C. 创新的 VR 商业模式

现代管理学教父彼得·德鲁克说："当今企业之间的竞争已经不是产品之间的竞争，而是商业模式之间的竞争。"在 VR 这个新兴的行业中，内容—平台—传输—用户的一整条产业链中的商业模式是 VR 未来发展的关键。根据爱奇艺公布的策略来看，未来，爱奇艺将为 VR 厂商、视频源硬件厂商、PGC 和 UGC 等内容提供商，提供营销平台、媒体平台和运营分销系统。对于用户，爱奇艺将提供 3D 及 360 度全景的图像音频。在新兴领域兴起之际，积极探索自身与第三方合作的技术体系和商业模式，才是未来在 VR 行业得以立足的核心竞争力。与开发 VR 平台或制作硬件相比，发布一款 APP 的成本显然无足挂齿，这款 APP 更像只是爱奇艺在 VR 领域的“占坑代表”。

②优酷土豆——“VR 核计划”

优酷土豆则推出“VR 核计划”，有意从流量、UGC、版权、广告分成以及 SDK（软件开发工具包）五个方面推进 VR 业务。流量方面，目前优酷土豆的全景频道已经上线并开放上传，届时将作为一个超强流量入口。

在目前还未受到资本重视的 SDK 上，优酷土豆通过“合”硬件平台为所有的第三方观看设备提供 SDK，包括一键上传、分享、广告的接入支付，以及边看边买的电商模式等。另外，优酷土豆还为硬件设备的合作厂商进行售卖导流，借优酷土豆自有流量，自建导流 VR 商城，并结合自带高流量入口的天猫电器城为合作厂商提供在线购买服务。优酷土豆“核计划”的远期目标是，不仅是最具规模性的 VR 聚合平台，还能成为 VR 内容最大的分发及变现平台。

③乐视——VR 生态

不同于爱奇艺和优酷聚焦 VR 内容和平台搭建的战略走向，乐视对于内容、终端硬件以及 SDK 等环节均有所投入。作为一家以生态为特色的公司，乐视的 VR 生态计划将以价值链垂直整合的理念改造 VR 行业，以硬件为切入口，同时整合乐视自有应用，并为用户打造全平台体验式的游戏社区。内容层面除了乐视 VR 自主 IP 孵化外，乐视影业、乐视音乐、乐视体育、乐视互娱等乐视子生态也在着力开发 VR 内容。全平台的协力合作将涵盖影视、音乐、体育、游戏、旅游、教育等各个方面的挖掘，意图打造国内最强 VR 内容库。

其中，乐视在综艺的 VR 尝试已经率先开启，2016 年 3 月，乐视与浙江卫视素人女团养成类真人秀《蜜蜂少女队》达成 VR 战略合作，定制节目 VR 版内容。除了与卫视的 PGC 合作，乐视还自主研发了 VR 综艺节目《明星陪你一整天》。

在用户的集群方面，乐视将打造一个全新的 VR 游戏社区。该社区具有跨区域和多语言功能，方便全球 VR 玩家集结至此交流分享。乐视 VR 游戏生态还将通过 VR 游戏发行、电竞、付费下载、会员等多种方式配合 VR 生态体验厅、主题公园、电商等多种场景经营。内容运营、视频云服务、智能设备是乐视 VR 生态的三大支柱，分别负责 VR 内容的采买及用户服务、VR 视频传输及开放平台服务、VR 终端硬件设备提供（见图 6－1）。

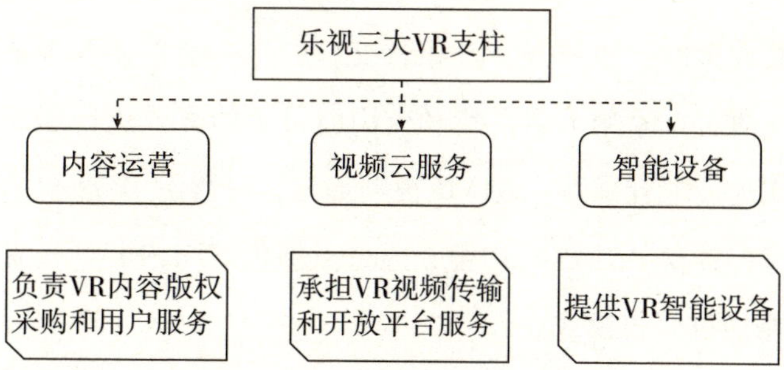

图 6－1　乐视三大 VR 支柱

2016 年 7 月，在距离乐视第一代 VR 硬件 Cool1 发布近 8 个月之后，乐视又推出了它的第二代 VR 硬件——LeVR Pro 1。新硬件除了技术上的革新外，还与乐视手机深度捆绑，“以革新品带核心品”。LeVR Pro1 专为乐视手机定制，从产品、结构、光学、软件等方面跟超级手机深度整合，并在系统层深度优化，真正意义上做到私人定制，量体裁衣。在整个 VR 生态方面，乐视 VR 开放多种 SDK 能力，对接乐视 VR SDK，能适配乐视 VR 头盔的多种操控模式。

④腾讯——VR 直播

2015 年 12 月 21 日，腾讯在北京举行的 Tencent VR 开发者沙龙上正式公布了 Tencent VR SDK 及开发者支持计划，首次系统地阐述了腾讯在虚拟现实领域的规划。腾讯所推出的 Tencent VR SDK，简言之，其实跟通常的手游

SDK是相似的，比如QQ微信的账号系统、支付系统。比较特殊的是与硬件相关的组件功能，比如音频、视频、体感、手柄输入组件。而与腾讯社交属性紧密相关的特性，是腾讯未来会提供类似虚拟世界的用户个人虚拟形象、空间等，简单言之就是大家早已熟悉的QQ秀、QQ空间这种增值功能的VR版。

整个SDK的开发过程将采用众测模式，先期针对核心开发者发布，随后发布公测版本。此外，为了打造生态，为普通用户提供内容需求，腾讯还发布了Tencent VR开发者计划。包含广告、版权、下载等渠道的商业分成模式等内容生态共促策略，也将导入腾讯社交、广告、销售体系等重要资源。腾讯VR Store（商店）采用下载付费和应用内付费的方式进行利润分成，并以排行榜的形式进行内容推荐。在VR视频部分，对含有IP版权的作品，与影视公司合作进行分发。对PGC内容，通过点播模式与内容开发者分成；对于UGC内容，则通过广告模式。

面对这个全球科技界公认的未来技术革新的爆点和亿级大市场，坐拥6.5亿用户群的腾讯已经在移动互联网时代占得先机。目前来看，腾讯涉足VR领域无意进军硬件设备，它把产品交互设计和应用体系交给硬件厂商。而自己更看重内部资源的整合以提供更具适配性的用户体验。作为一家并不是以硬件设备研发著称的公司，腾讯更大的优势是其用户量级和社交体系。VR领域的庞大市场不是一家可以搞定的，腾讯需要联合硬件与内容研发者。腾讯的未来目标可能更多是一个为VR用户提供服务的平台。

未来，腾讯VR的主要发展方向可能会聚焦于游戏、视频、社交、直播和地图为核心的5大领域，这与腾讯核心的业务都有着较强的关联性。在收入变现上，腾讯有流量变现模式，包含广告、付费、时长收费、道具收费方式，腾讯VR的货币化初期会很接近于欧美主流的单机游戏付费模式。

2016年的最后一天，王菲“幻乐一场”演唱会因为天价门票事件和天后的临场发挥，成为了岁末年初的重磅新闻。尽管网友的吐槽声不断，为天后王菲的往昔形象蒙上了一层阴影。但腾讯为此次演唱会大胆尝试了一种全新的线上观看方式“直播 + VR”，还是让人眼前一亮。

这场由数字王国、腾讯视频和微鲸 VR 联手推出的 VR 在线直播吸引了不少人体验。根据腾讯给出的数据表：在微鲸 VR 上，有超过 9 万的用户进行观看，腾讯直播平台也有超过 2000 万的用户观看，VR 直播预约用户高达 200 万人。本次直播分为免费直播和 VR 付费直播两种。腾讯视频 VIP 会员可以享受蓝光高清直播，VR 直播需要单独付费购买，腾讯 VIP 会员 25 元，非会员 30 元。本次王菲演唱会直播总观看人数达到了 2149 万人，VR 直播 8.8 万人观看。由于此次演唱会是免费直播，因此腾讯为此支付的高昂版权费用很大程度上只能靠用户的虚拟礼物和 VR 门票补偿。整场演唱会总共收获了 2813.8 万件礼物，折合人民币约为 281.3 万元，VR 门票 264 万元。但是由于 VR 直播需要的设备要求和传输带宽比较高，加上传闻腾讯购买本次演唱会的转播权的极高花费，这两部分加在一起不到 600 万元的进账收入基本算是杯水车薪了。

腾讯本次的 VR 直播效果上，不知道是不是传输的问题，画质并不能令人满意，部分观众在观看 VR 在线直播后，接连吐槽“画质模糊”“人脸不清”“经常卡顿”等问题，让粉丝沉浸感打了不少折扣。考虑到 30 元的门票价格，可以权且把这次 VR 直播当做腾讯又一次试水活动，相应的市场反馈应该也在预料之中。

通过技术的不断发展完善，未来“直播 + VR”可能带给观众更强的现场体验感，弥补无法去现场观看的遗憾。毕竟，相比去现场的固定角度，VR 直播的观看视角更多变，可以选择不同视角全景跟踪观看。华旦天使投资的投资人张洁表示：“如果我的金钱、时间都充足，又很喜欢王菲，去现场看演唱会自然是第一选择，但在条件不充足的情况下，VR 牵手直播其实是为大家提供了一种‘退而求其次’的解决方案。”腾讯此次“直播 + VR”的尝试让演出市场得以与新技术挂钩，也让大家看到了这块市场的强大潜力。

（3）入局 VR 行业的潜在风险

目前 VR 设备的交互体验存在着较明显的缺点，用户长时间佩戴 VR 设备，容易感到不适，形成眩晕感。并且设备对眼睛的独占性较强，一旦使用便无法兼顾其他事情。眩晕感无疑是目前 VR 硬件的最大痛点，这主要是由于 VR 设备分辨率不足以及画面清晰度较差。画质的优化也是目前国内 VR 制作团队所面临的难题，国内相应人才缺失，并且改进画质需要耗费很高的时间精力和资金成本，加上 VR 设备对适配的硬件、配置等要求高，很多新兴创业公司无力承担。目前市场上较为火爆的依然是眼镜盒子，这些盒子基本售价都在 300 元以下，有些产品为了更高的出货量，不惜把价格压到百元以下。更低的价格决定更廉价的品质，这些眼镜盒子的体验效果可想而知。

此外，不同眼镜盒子和 APP 之间存在着可兼容的关系，无形中给山寨产品提供了生长的空间，从而进一步挤压正版应用的生存空间。成本太高负担不起，成本太低会失去消费者，这也是目前 VR 硬件产品进退两难的尴尬之处。大型网络视频平台凭借雄厚的资金实力，有助于招徕人才，更好地改进设备的使用感。

VR 产业链尚处于混沌不清的状态，从上游内容生产者、提供商，到中游平台搭建者，再到下游的硬件制造商都尚未形成规范的行业标准。严格来说，消费者花几十元从淘宝上买来的 VR 眼镜，几乎不能算是真正的“产品”。这类眼镜盒子多是满足消费者的尝鲜心理，无法满足高级的交互需求。目前市面上的 VR 应用种类少、选择面窄，用户多为体验式消费。在盲目跟风的环境下，简单体验虚拟现实带来的刺激与新奇后，便不会再进行复次消费，因此用户黏性较差。在 VR 产业链和标准成熟之前，在成本和体验中权衡摸索是常态。距离国内的 VR 产业变得火爆尚需时日，整体市场或将在很长一段时间停留在 VR 盒子上，而真正理智的企业仅还处于观望或试水的状态。各大视频网站既需要布局市场，在竞争激烈之前，抓住宝贵的试错时机，又要防止用力过猛，以免过早掉入市场泡沫的陷阱。

（4）网络视频在 VR 行业的未来机遇

视频网站无论是在平台广度还是用户流量上都拥有着较高优势，随着 VR 市场的发展，这些“人口红利”的转化，可以快速推动整个产业发展。但另一方面，VR 市场目前来看还很难出现一家独大的情况。由于技术和内容输出的高门槛，视频网站也必然要联合硬件和内容的开发者共同开拓 VR 领域的市场量级，瞄准细分市场。虚拟现实的行业前景之所以可观，就在于其由此延展开的多个细分市场，除了娱乐之外，像社交、教育、旅游、商务等领域，也为 VR 打开了商业大门。

通过 VR 社交，用户可以以虚拟或者拟真的形象和身份在完全虚拟的世界中娱乐、社交、学习。尝试在平行世界中改变自己的性格，丰富拓展自己的交际圈，甚至可以挑战很多平时没有机会做的事情。

2016 年七夕节之际，暴风集团就为互联网婚恋平台世纪佳缘定制了 8 组 VR 版婚恋视频，用户下载相关 APP，戴上暴风魔镜后，就可以与“女神”近距离接触，享受逼真的“VR 相亲”体验。世纪佳缘作为拥有海量用户的社交平台，本身自带社交属性。配合暴风 VR 在内容、硬件、技术方面的实力助攻，二者强强联手，在社交领域的发展前景将十分可观。

VR 教育在技术的支持下，摆脱了时间空间的束缚，用户能随时随地进入教学环境参与学习，大大节约了到达场地的时间成本。相比于传统的线上视频教授，VR 教学则在用户学习的临场感环境塑造方面产生很好的效果。另外，由于直观和生动的展示效果，一些技术操作类教学案例在 VR 领域更受欢迎

用户外出旅游，享受的是旅途风光带给人们的愉悦享受。VR 旅游用沉浸式交互体验，将可以让用户足不出户玩遍世界，不受时间限制，只需花费较低的金钱和精力成本，因而未来也将作为日常生活放松身心的一种方式。

虚拟现实还将与商业结合，VR 视频会议可以让天南海北的合作伙伴在虚拟世界面对面开会，省去了旅途奔波需要耗费的时间精力。借助 VR 技术还原

真实的交易场景，精简了传统的交易模式，有效节约了顾客的时间成本，销售方也得以节省人力物力场地费用等成本。

因此，各大视频网站也要注意深耕其中的细分市场才能加速 VR 产业的繁荣。如果一味地比拼硬件终端，而内容核心不能及时跟上的话，在如今同质化严重的激烈竞争环境下，难以受到资本的青睐，结果只能是被市场淘汰。

2016 年是 VR 产业极速发展的一年，各大视频网站不仅致力于将 VR 内容源、平台、终端完全打通，使用户能够无障碍地享受 VR 世界。另外，涉及娱乐业、教育业、旅游业、商业零售等各行业都在积极向 VR 概念靠近。基于 VR 本身的特质，不仅能帮助用户在视觉感官上实现飞跃，更能促成一种全新的生活娱乐方式，使 VR 得以越来越多地受到新锐营销者们的关注。

2017 年，越来越多的广告主将尝试 VR、AR 等新技术手段打入消费者的视野，做全新的营销传播。相信“拥有一支 VR 作品”已经被很多企业写进未来的工作计划中，VR 不再是高不可攀的概念性产物，而是将成为企业日常营销的标配。

6.2.3 大数据业务

当一个平台积攒到足够多的用户人群时，它的意义就不只限于传递自身的产品信息，而是一个大数据的集结地。在这些用户人群中，不同性别、年龄、职业人群的喜好可进一步细分，根据其特征、观看记录、兴趣偏好等信息，完善用户人像。随着数据维度的不断丰富，可以更精准地把握用户需求，不断进行产品改进，为其提供更专业更精细化的内容推荐。

未来，大数据在视频网站中的应用将从深度和广度上更进一步，概括起来主要包括“以数据建内容”和“数据个性化营销”两方面。交互体验是网络媒体区别于传统媒体的主要特征，互动产生数据，数据催生价值。通过用户在视频网站上的活动轨迹，可以推算出这些用户是谁、他们想要什么、视频网站可以为他们做些什么，以解决产品一系列的使用消费问题。如此一来，原本主观化的、单向式的视频制作过程就显得有依据可寻。

中国传媒大学戴志强教授曾为影视大数据下过这样的定义：影视大数据就是指以网络信息为平台，在影视作品的创作、传播等环节产生的海量数据信息，以及对这些信息存储、处理和展现等系统的总称。[①] 因此，大数据在视频网站的应用，也体现在制作、传播和反馈三个环节。

视频内容传播的过程中，用户在平台上的所有操作行为数据都可以进行提取收集。基于用户在平台的属性数据、行为数据、社交数据、即时数据等进行分析得到的反馈，可用于内容生产制作的整个过程。在这个人人都是自媒体的时代，视频网站的用户作为内容接收者的同时，也是传播者。通过大数据的收集，有助于研究用户乐于二次传播的内容特质，作为有效传播互动机制的设计参考，从而刺激用户更多地转发分享行为。此外，有价值的数据资源不仅局限于平台的站内部分，视频网站通过例如“边看边买”等跨界合作形式，同样产生了很多高价值数据资料。未来，大数据的收集可能还将来自电商平台、社交平台等各类合作网站。并且，除了线上数据，视频网站组织的线下粉丝活动，也是平台与用户、用户与用户间交互的有效方式。通过不断互动，给予用户一定的能动性与参与感，让他们真正地参与到内容的生产制作传播过程中去，也是未来视频网站大数据运作的价值体现。

互联网环境下，受众细分越来越明显，人们处于自己选择的信息茧房里，只看得到自己想看的，只相信自己愿意相信的。那么如何更好地满足用户的需求，提升消费者满意度？大数据可以帮助企业以较低的成本为用户定制产品，实现从“千人一面”到“千人千面”。千人千面是伴随着新媒体环境下的个性化发展而来，这是区别于传统媒体的显著优势。不同用户之间对网络视频的需求不尽相同，市场细分程度越高，越能掌握用户的个性化需求。通

---

① 戴志强，朱海澎，潘皓．影视大数据：影视互动体验与量化认知的根本［J］．现代传播（中国传媒大学学报），2014.

过平台中用户行为轨迹的记录，描绘出用户的轮廓轨迹。数据收集得越详尽，人像构建才能越清晰，随之提供的定制化内容才能更精准、更符合用户需求。

个性化时代，用户对于定制化内容的需求日益强烈，基于“千人千面”的大数据模型，需要满足精准的个性化推送需求，以及多元化的服务导向。定制化营销有助于增加用户平台黏性和忠诚度，使网络视频平台更具人文关怀，但同时也对视频网站的精细化管理和大数据统计模型提出了更高要求。这就表明，视频网站要不断地进行技术创新，改进大数据算法，使之更具科学性和合理性。尤其随着用户时间碎片化现象的加剧，移动端的流量大幅增加，如何帮助用户短平快地获取信息，满足娱乐、学习等各种需求，需要网络视频平台不仅仅将自己定位为内容的提供者，而是具有多功能服务属性的多元化平台。

“可预测”是大数据技术的核心要素，它将为人类的生活创造史无前例的量化维度。未来，一部优秀的视频作品不是只由编剧或者导演决定，而是可以直接通过大数据验算推导出来。精英制作团队在不断变革的数据处理及分析技术的帮助下，可以更精准地把握市场受众，从而使作品更加精准化、市场化。

参考文献

著作类

[1] 郭庆光．传播学教程［M］．2 版．北京：中国人民大学出版社，2011.

[2] 雷葆华，孙颖，王峰，等．CDN 技术详解［M］．北京：电子工业出版社，2012.

[3] 张书乐．实战网络营销——网络推广经典案例战术解析［M］．2 版．北京：电子工业出版社，2015.

[4] 丹尼斯·麦奎尔．受众分析［M］．刘燕南，李颖，杨振荣，译．北京：中国人民大学出版社，2006.

期刊类

[1] 陈洁．网络直播平台：内容与资本的较量［J］．视听界，2016.

[2] 孙冰．音乐 O2O 来了，视频网站玩出新花样［J］．中国经济周刊，2014.

[3] 何勇海．网络直播演唱会是一场“危险游戏”［J］．音乐周报，2014.

[4] 陆潇恬．从美国付费电视看中国付费电视的发展前景［J］．金田，2014.

［5］石伟欣．精彩多屏引领三网融合新体验［J］．广播与电视技术，2011.

［6］李思维，马琳．网络视频的特征及其影响［J］．新闻世界，2013.

［7］尤元学．网络在线直播秀场存在研究［J］．文化长廊，2015.

［8］王欢，王勇．我国游戏直播行业现状浅析［J］．新闻传播，2016.

［9］马铨，董小染．中国网络视频行业的现状和未来——中国网络视频年度高峰论坛综述［J］．现代传播，2016.

［10］戴志强，朱海澎，潘皓．影视大数据：影视互动体验与量化认知的根本［J］．现代传播（中国传媒大学学报），2014.

论文类

［1］张志鹏．电子竞技直播的平台化研究［D］．暨南大学，2015.

［2］赵大威．优酷网自制节目商业模式分析［D］．对外经济贸易大学，2015.

电子网站类

［1］艾媒咨询．2016 年中国在线直播行业分析报告［EB/OL］.

http：//www. askci. com/news/hlw/20160530/14394022583. shtml，2016-05-30.

［2］中国网信网．CNNIC 发布第 37 次中国互联网络发展状况统计报告［EB/OL］.

http：//tech. sina. com. cn/i/2016-01-22/doc - ifxnuvxh5133709. shtml，2016-01-22.

［3］中商情报网．2014 年 7 月网络在线视频受众情况分析［EB/OL］.

http：//www. askci. com/news/chanye/2014/09/17/141352317h. shtml，2014-09-17.

［4］今日头条 . BAT 布局视频网站，行业未来谁主沉浮［EB/OL］. http：//www. toutiao. com/a6259122777308840193/，2016-03-11.

［5］中商情报网 . 2015 年中国视频网站用户需求分析［EB/OL］. http：//www. askci. com/news/chanye/20160417/1054159238. shtml，2016.

［6］腾讯科技 . 跨屏营销时代：移动视频广告大破局［EB/OL］. http：//tech. qq. com/zt2012/tmtdecode/325. htm，2016.

报告类

［1］中国互联网络信息中心 . 第 36 次中国互联网络发展状况统计报告［R］. 2015.

［2］中国互联网络信息中心 . 2013 年中国网民网络视频应用研究报告［R］. 2014.

［3］中国互联网络信息中心 . 2014 年中国网民网络视频应用研究报告［R］. 2015.

［4］中国互联网络信息中心 . 中国互联网络发展状况统计报告［R］. 2015.

［5］中国互联网络信息中心 . 2015 年中国网络视听发展研究报告［R］. 2015.

［6］艾瑞咨询 . 中国在线视频年度监测报告［R］. 2012.

［7］艾瑞咨询 . 2014 年中国在线视频用户行为研究报告［R］. 2014.

［8］艾瑞咨询 . 2015 年中国在线视频用户付费市场研究报告［R］. 2015.

［9］艾瑞咨询 . 2015 年中国游戏直播市场研究报告［R］. 2015.

［10］艾瑞咨询 . 中国游戏直播市场研究报告（行业篇）［R］. 2015.

[11] 艾瑞咨询.2015年互联网生活直播市场报告 [R]. 2015.

[12] 艾瑞咨询.2016年中国视频网站付费用户典型案例研究报告——乐视影视会员洞察研究报告 [R]. 2016.

[13] 艾瑞咨询.2016年中国虚拟现实行业研究报告 [R]. 2016.

[14] 艾瑞咨询：季度数据发布——在线视频（2015Q1）[R]. 2015.

[15] 易观智库. 中国网络视频市场及用户分析报告 [R]. 2015.

[16] 易观智库.2015中国网络视频市场及用户研究报告 [R]. 2016.

[17] 易观智库. 中国网络视频自制市场专题研究报告 [R]. 2015.

[18] 易观智库. 中国网络视频广告市场季度监测报告2015年第1季度 [R]. 2015.

[19] 易观产业数据库. 中国网络视频广告市场季度监测报告（2015年第1季度）[R]. 2015.

[20] 企鹅智库. 忠诚与流失：中国视频网站付费会员调查报告 [R]. 2016.

[21] 企鹅智酷. 网络视频使用行为调查报告 [R]. 2015.

[22] 爱奇艺数据研究院. 网络视频个人付费行业白皮书 [R]. 2015.

[23] iiMedia Research. 2015年中国虚拟现实行业研究报告 [R]. 2015.

[24] 国家新闻出版广电总局发展研究中心. 中国视听新媒体发展报告（2013）[R]. 2013.

[25] 万瑞数据.2014年网络广告受众分析报告 [R]. 2014.

[26] 中国网络视听节目服务协会.2016年中国网络视听发展研究报告 [R]. 2016.